真説 新選組

山村 竜也

学研M文庫

はじめに

徳川幕府の末期、いわゆる幕末の時代に、みずからの運命を剣一筋に賭けた男たちがいた。

最強の剣客《けんかく》集団と呼ばれた新選組である。

組織を創った近藤勇《いさみ》と土方歳三《ひじかたとしぞう》は、いずれも武士ではなく農民の出身だったが、本当の武士よりも武士らしく生きた。それまでただ漠然と家禄《かろく》を食《は》んできた世襲の武士たちには、倒幕派の台頭により幕府が滅亡の危機におちいっても、どう対処することもできなかった。

そんな形骸化した武士たちを尻目に、近藤と土方は、みずからの信ずる武士道をあくまでも追い求めた。武士道とは卑怯なふるまいをしないこと。そうした信念のもとに彼らは新選組を結成し、幕府のために身命を賭してはたらいたのだ。

近藤と土方のもとには、沖田総司《そうじ》、井上源三郎《げんざぶろう》、山南敬助《やまなみけいすけ》、永倉《ながくら》新八、原田左之助《さのすけ》、藤堂平助、斎藤一といった剣客たちも集まり、得意の剣をふるって京都の治安を守った。無敵の実力を誇った新選組の前には、倒幕派の志士たちも震え上がった。

しかし、新選組の手の届かないところで時勢は激しく動いていた。大政奉還が行われて徳川幕府は崩壊し、倒幕派による新政府が樹立された。いつしか彼らは時代に取り残されていたのである。

それでも、近藤と土方には迷いはなかった。時代がどのように変わろうとも、新選組の進むべき道は決まっている。徳川の恩顧を受けてここまでやってきた以上、最後まで徳川のために尽くす。いわば、武士としての節義《せつぎ》を守り通すことしか彼らにはありえなかった。

そのためには命を捨てることになるかもしれないが、男には、かなわぬと知っていながらも戦わなければならないときがある。彼らは、そんな信念を貫いて、最後は戦場に命を散らせたのだった。

近藤と土方を中心にして、幕末を駆け抜けた新選組。明治維新という流れの前には力およばず、時代の徒花《あだばな》となって散った彼らだったが、その生きざまは伝説となって現在に語り継がれている。

本書は、そんな新選組の真実を追求したいと思う気持ちで書いた。とはいうものの、決して専門的な研究書というわけではなく、新選組の物語をわかりやすく綴《つづ》った史伝としても読んでいただけるようにした。

史実をあくまでも追求する一方、誰にでもわかりやすく読みやすい内容にする。私は本を書くとき、いつもその点を心がけている。本書も、そうした心がけのもとに書いたつもりであるので、読者の方々も気軽に手にとり、新選組の魅力にふれていただければ幸いである。

本書の出版にあたっては、学研第三編集部の太田雅男氏をはじめ、小池徹郎、忍足恵一、今若良二、菊地のぶおの各氏にお世話いただいた。心より御礼申し上げたい。

二〇〇一年五月

山村竜也

目次

真説　新選組

第一章　試衛館の群像

第二章　新選組結成

第三章　京都動乱

第四章　士道散華

※「新選組」の表記については各種史料の表記に基づき、「選」と「撰」を用いています。

第一章　試衛館の群像

一　多摩時代の近藤勇はどのような少年だったのか

現在の東京都調布《ちょうふ》市の一部にあたる上石原村《かみいしわらむら》で、天保《てんぽう》五年（一八三四）に生まれた近藤勇《いさみ》だったが、何月何日であったのかは確定的でない。

誕生日について、はじめて記された文献は、明治四十四年に著された伝記『近藤勇』（鹿島淑男《かしまとしお》著）だった。そこには、こう明記されている。

「勇は天保五年十月九日、背戸《せど》*の残菊に霜浅き朝、上石原字《あざ》大沢の家に生れた」

鹿島淑男は明治時代の新聞記者で、『近藤勇』は同年、毎日新聞にみずから連載した記事をまとめたものだ。執筆にあたって鹿島は、勇の生家《せいか》の宮川家を訪問して取材を行っているので、十月九日という誕生日もそのさいに確認したものと思われる。

もちろん、原史料が残っているわけではないから、どの程度信頼していいかは微妙なところではある。しかし、これ以外に勇の誕生日の候補となる日がない以上、とりあえず十月九日説を信じるほかないだろう。

もっとも、当時の人々にとって、誕生日などはあまり重要なものではなかった。誕生日を迎えるたびに年齢を重ねる「満年齢」が使われる以前は、「数え年」といって、生

＊背戸＝家の裏門・裏口。

まれたときにすでに一歳と数え、年が明けるごとに年齢が一歳加算される方式がとられていた。

つまり、毎年の元旦に、人々は同時に年をとるわけである。そのため、当時はとりたてて誕生日を祝う風習もなく、誕生日そのものを記録する必要さえなかった。

現代では、この「数え年」がどのようなものなのか、不思議なことにまったく教育されていない。だから、たいていの人は、「数え年」というのは単純に満年齢に一歳加えればいいのだろうといった認識でいるようだ。

そうではなく、当時の人々は誕生日ではなく元旦に年をとった。この事実を、私は現代の人、とくに若い人にしっかりと知ってもらいたいと思っている。

近藤勇にかぎらず、日本史上の人物の誕生日が不明であることが多いのは、こういった理由によるのである。

さて、こうして誕生した近藤勇は、どのような少年時代をおくったのだろうか。

勇の生家の宮川家は上石原村の豪農で、父は久次郎《きゅうじろう》、母はみよ、上に音五郎《おとごろう》と粂次郎《くめじろう》という二人の兄がいた。勇の幼名《ようみょう》は勝五郎《かつごろう》といい、のちに勝太《かった》とあらためている。

少年時代の勝五郎こと勇に大きな影響を与えたのは、やはり父親の久次郎だった。久次郎は、農民とは思えないほどの気概《きがい》にあふれた人物で、歴史上の英雄が活躍する軍書を好んで読んだ。

しかも、それを人に語って聞かせるのが好きで、村の子供や若者を集めては、『三国志』の劉備《りゅうび》、関羽《かんう》、張飛《ちょうひ》や、日本の楠木正成《くすのきまさしげ》、源義経《よしつね》、加藤清正《きよまさ》といった英雄たちの武勇伝を熱く語った。その話のおもしろさは、本職の講釈師も顔負けであったという。

そんな父に育てられたせいで、勇も自然と軍談好きの子供になった。父の膝《ひざ》に抱かれながら、夜の更《ふ》けるまで続けられる軍談に、勇はいつも目を輝かせて聞き入っていた。

なかでも、とくに幼い勇の心を感動させたのは、『三国志』の関羽だった。

関羽雲長《うんちょう》は、『三国志』に登場する幾多の英雄たちのなかでも、最も忠勇義烈と評された存在である。劉備玄徳《げんとく》を補佐して活躍したが、最期は敵の謀略のために捕らえられ、首をはねられた。

その死のようすを父が話すと、勇は小さな双眸《そうぼう》からぽろぽろと涙を流して聞いていたという。のちに勇が貫いた節義《せつぎ》に殉《じゅん》ずる生き方には、この関羽が大きな影響を与えていたに違いない。

「三子《みつご》の魂百までも」というが、関羽をはじめとする歴史上の英雄たちの生き方は、勇の幼い魂に深く刻み込まれることになったのだ。

こうして、勇ましい軍談に感化されて成長した勇であったから、年齢を重ねるとともに元気で腕白な少年になっていった。棒切れを振りまわしたり、相撲をとったり、遊びの荒っぽいことといったらなく、母は毎日その破れた着物を繕《つくろ》うのに忙しかった。

☗近藤勇肖像(港区立港郷土資料館蔵)

いわゆる村一番のがき大将として君臨した勇は、たとえ五、六歳年上の相手でも喧嘩して泣かすほどの強さを誇った。ただし、年上の者には向かっていくが、年下の者は決していじめない。勇は、そのあたりをしっかりとわきまえた少年だったのだ。

天保十年（一八三九）一月十一日、勇が六歳になったばかりのときに、母のみよが三十八歳で病死した。

ただちに通夜が行われ、その早すぎる死をいたんで、村中の者が宮川家に弔問《ちょうもん》にやってきた。これらをもてなすのは遺族のつとめであったが、おとなたちだけを働かせるわけにはいかないと、六歳の勇もせっせと働きまわった。

弔問客には酒と食事が出るが、勇はその膳を台所から座敷に繰り返し運んだ。膳の数は百を超えていたという。それにもかかわらず、勇は少しも疲れたようすをみせず、平気な顔をしていた。

母を失った悲しみを、まだ実感しにくい年齢であったのかもしれないが、気丈に働く勇の姿は村人たちの評判となるほどだった。「あの子はどれだけ力があり、性根が強いのだろう」と、人々は感嘆して帰っていった。

このあと、父久次郎は後妻を迎えなかったため、勇は父親一人の手で育てられることになった。久次郎としては、上の二人の男子にも同様の愛情をそそいでいたはずだが、やはり勇の尋常でない資質を見抜いていたのだろう。結果的に、久次郎の期待は一身に勇にかけられるようになる。

そして、少年の勇に向かって、久次郎はよくこういった。

「おまえは侍になって、えらい手柄をたてよ」

と。

もちろん、江戸時代の封建制度下にあっては、農民が武士になるなどは不可能に近いことだった。逆にいえば、そうでなくては封建制度など成り立たない。

それを承知のうえで、あえて久次郎は勇に大きな夢をたくしたのだった。「父子《おやこ》鷹」という言葉があるが、久次郎と勇は、まさしくそれであったかもしれない。

二　近藤勇はなぜ近藤家の養子に迎えられたのか

近藤勇の父久次郎は、自宅の庭に道場を建て、そこへ江戸から剣術の師匠を招いて教授を受けていた。師匠の名は近藤周助《しゅうすけ》といい、江戸市ヶ谷に天然理心流《てんねんりしんりゅう》の道場を開く剣《けん》客《かく》だった。

天然理心流は、遠江《とおとうみ》出身の近藤内蔵之助《くらのすけ》という人物によって、寛政《かんせい》七年（一七七五）ごろに創始された剣法だ。剣術のほか、柔術、棒術、気合《きあい》術なども含めた総合武術で、形式を飾らない実戦向きの流派であったという。

内蔵之助の道場は江戸両国の薬研堀《やげんぼり》にあったが、二代目を継いだ門人の近藤三助（旧姓坂本）が多摩郡戸吹村の住人であったため、理心流は以後、多摩方面に広まっていくことになった。

三助の死後、しばらくの間は後継者が決まっていなかったが、天保元年（一八三〇）になって、多摩郡小山村の近藤周助（旧姓島崎）が、ほかの有力門人たちを抑えて宗家《そうけ》三代目を名乗った。

そして、はじめは地元で教えていた周助が、天保十年（一八三九）に江戸へ進出し、市ヶ谷甲良《こうら》屋敷というところに道場を構えた。道場の名は試衛館《しえいかん》といい、ここを拠点として多摩方面にも出張稽古に出かけたのだ。

この近藤周助から自宅で教えを受けていた宮川久次郎は、当然のように三人の息子も入門させた。理心流の門人帳である「神文《しんもん》血判帳」には、嘉永《かえい》元年(一八四八)十一月十一日の項に三兄弟の名が記されているので、このとき三人が入門したことがうかがえる。

ただし、勇はすでに十五歳になっており、それまでにまったく剣術を学んでいなかったとは考えにくい。久次郎の抱く武士志向から考えても、もっと早くから勇に剣術をやらせていたとみるほうが自然である。

これは、あるいは「神文血判帳」には、少年の門人の名は乗せないことになっていたからではないだろうか。

当時の男子がおとなになる「元服《げんぷく》」の基準は十五歳ごろであったが、剣術修行の場合も、その年齢に達した者だけが正式な門人として扱われたと考えられる。神に誓うという「神文血判帳」の性格を考えても、正式入門を認められるのは成人に限られていたものとみるべきだろう。

また、そのことを裏付けるかのように、入門の翌年の嘉永二年六月には、勇は早くも理心流の目録《もくろく》を授けられている。これは異例の早さであり、勇の剣才をうかがわせるのと同時に、十五歳以前から実質的な修行は始めていたことの傍証となるだろう。

さて、十六歳になった勇には、有名なエピソードがある。

ある夜、父久次郎の留守中に宮川家に数人の泥棒が押し入った。泥棒の姿に気づいた兄の粂次郎は、日ごろの剣術修行の成果を示そうと、刀を抜いて飛び出そうとした。

しかし、勇はそれを引き留めてこういった。

「賊は入ったばかりのときは気が立っているものです。いまかかっては、負けないまでも骨が折れる。それよりも、彼らが立ち去るところを打つのが上策でしょう。立ち去るときは早く逃げようとの気が先立って、心が留守になっているものです。この敵の虚に乗ずるのが剣術の秘訣です」

なるほどと思った粂次郎は、弟の言葉に従い、はやる気持ちを抑えて機会を待った。

二人が見ているとは知らない泥棒は、ほかの家人を縛っておいて、めぼしい金品をふろしきに包み、悠々として引き揚げようとした。

満を持して勇が飛び出したのは、そのときだった。「待てっ」と一喝して抜刀し、泥棒の一人に斬りつけた。不意の出来事に泥棒たちは狼狽し、背負った盗品を投げ捨てて逃げようとする。

それを兄弟は追いかけ、二、三人に手傷を負わせたが、さらに粂次郎が追撃しようとするのを、勇はまたも引き留め、

「窮鼠《きゅうそ》かえって猫をかむということもあります。いい加減で追い捨てて、引き上げるのが上策でしょう」

といって、盗品を拾い集めて家へ戻った。

この一件はすぐに世間の評判となった。とくに勇の知勇兼ね備えた行動は、剣の師匠の近藤周助をも感服させた。

そして、

「わが近藤家の四代目として、天然理心流を継がせることのできる者は、勝五郎（勇）をおいてほかにいない」

といい、勇を自分の養子に迎えることを申し出た。

父久次郎は、期待の勇を他家へやるのは惜しんだが、剣術家になれば、農家にいるよりは武士という目標に近づくことになる。そう考えて、勇を周助のもとへやる決心をするのだった。

このエピソードは、のちの新選組隊士永倉《ながくら》新八の談話をもとにした「小樽《おたる》新聞」の連載記事「永倉新八」に載っているものだ（現在は『新撰組顛末記《てんまつき》』のタイトルで合本されている）。

しかし、実はこのエピソードは永倉によって語られたものではない。というのは、「永倉新八」の連載は大正二年のことだったが、それより以前、明治四十四年に刊行された『近藤勇』(鹿島淑男著)に、まったく同内容の記述があるのだ。

年代順から考えて、「永倉新八」を執筆した新聞記者が、『近藤勇』の記述を流用したのであることは間違いないだろう。

ところで、このエピソードは、とてもおもしろいせいか、どことなくフィクション臭が感じられる。創り話ではないかと思われるほど、よくできた話なのだ。

これは、本当に実話なのだろうか。

そのことを知るためには、エピソードの真の出典を探るほかに方法はない。大正二年の「永倉新八」から明治四十四年の『近藤勇』にさかのぼることができたように、さらに前の年代に出典をさかのぼらせることはできるのだろうか。

そう考えた私の目にとまったのが、明治六年ごろに成立したといわれる『両雄士伝』の記述だった。

『両雄士伝』は、武州小野路《おのじ》村の名主《なぬし》で、近藤勇とは義兄弟の契《ちぎ》りをかわしていた小島鹿之助《しかのすけ》が著したもので、近藤と土方歳三《ひじかたとしぞう》という新選組の両雄の生涯を綴《つづ》った小伝である。

そのなかに次のような一節があった。

「嘗《かつ》て夜、強盗数人、刃を露《あらわ》にして其《そ》の寝に迫る。昌宜《まさよし》(勇)、年甫《はじ》めて十六、其の二兄と縦横《じゅうおう》にこれに当たる。群盗《ぐんとう》敵せず、慴《おそ》れて奔竄《ほんざん》す。邦武《くにたけ》(周助)、大いにこれを異《い》とし、其の父に謁《えつ》して曰《いわ》く、吾《われ》、年六旬*を踰《こ》えて子無く、常に一勇士を養いて以て我が

＊六旬＝旬は10年。したがって60年。

後を承《う》け、且《か》つ以て、国家佗日《たじつ》の用に供するあらんことを願う。子《し》の児に非《あら》ざれば、以て我が望みに副《そ》うなし。請う、幸いに我に割愛《かつあい》せよ、と。久次、これを聴《ゆる》す」

　ここにはまさしく、勇の泥棒退治と、それによって周助に認められて養子となった経過が記されている。

　しかも、明治六年ごろという早い時期に成立した史料であることが注目される。明治維新からまだ何年もたっていないこの時期に記録されたものであれば、真実である可能性はきわめて高い。

　エピソードは実話だったとみるべきだろう。

　この『両雄士伝』は、明治四十一年に『史談会速記録』第百八十三輯《しゅう》として一般に発表されているので、『近藤勇』の著者である鹿島淑男はそれを目にしたと考えられる。そのうえで鹿島は宮川家への取材を行い、エピソードの細部を補足して『近藤勇』に収録したのだろう。

　勇は、泥棒に入られるという災難にあたり、逆に自分の知恵と勇気を存分に発揮して、最初の運を切り開いたのである。

三　試衛館道場のあった場所はなぜはっきりしないのか

嘉永二年（一八四九）十月十九日、近藤周助の養子となった勇は、名をそれまでの勝五郎から勝太とあらため、姓は周助の旧姓である島崎を称した。

近藤を名乗らず、あえて島崎姓にしたのは、まだ若年にすぎ、天然理心流の四代目となることが正式に決定したわけではなかったためだろう。内蔵之助―三助―周助と続いた近藤姓は、あくまでも道統《どうとう》を継いだ者にのみ与えられるものだった。

こののち、安政《あんせい》四年（一八五七）ごろに島崎勇と改名しているが、そのころになってようやく近藤勇とも名乗るようになる。近藤勇の名になるまでには、随分と改名をかさねていたのだった。

ともあれ、試衛館道場の若先生となった勇は、自分の剣技をみがく日々をおくるかたわら、嘉永五年（一八五二）ごろからは多摩方面に出稽古にも行くようになった。前述したように、理心流の勢力は江戸よりも多摩方面に広がっていたので、そちらの門人たちに稽古をつけることも大事な仕事であったのだ。

もちろん、稽古をつければ教授料を受け取ることができる。金額は一回の出稽古につき、門人一人あたり一朱《しゅ》から二朱程度が相場になっていた。一朱は現在の貨幣価値でいうと、おおよそ三千円ほどでしかないが、決して大道場ではない試衛館にとっては貴重な収入源だった。

ちなみに、試衛館という道場名についてだが、実は、この名称は記録のうえではほとんど使われていない。すべての史料のなかで、たった一つみられるのが、小島鹿之助の『両雄士伝』における次の記述だ。

「構場（号試衛）、江都《こうと》市谷柳街《やなぎまち》」

つまり、近藤周助が江戸市ヶ谷に道場をかまえ、道場は「試衛」と号したという。これだけなのだ。このわずかな記述をもとにして、昭和三年刊の『新選組始末記』（子母《しも》沢寛《ざわかん》著）では「試衛館」とされ、現在に伝わっているのである。

「試衛」という言葉の意味についても、くわしいことはわからない。そういう熟語は存在しないからだ。

それでも、「試」は「こころみる」で、「衛」は「まもる」の意であることはいうまでもない。意味をつなげれば、「まもりをこころみる」となるだろう。

当時、江戸で流行っていた北辰一刀流《ほくしんいっとうりゅう》の玄武館《げんぶかん》や、神道無念流《しんとうむねんりゅう》の練兵館《れんぺいかん》などのような勇ましさはないが、落ち着いていて味わい深い、いい名称ではないだろうか。

なお、右の『両雄士伝』によれば、試衛館があったのは「市ヶ谷柳町」とされているが、正確には「市ヶ谷甲良屋敷」という場所にあった。甲良屋敷といっても屋敷そのものではない。幕府の大工棟梁《とうりょう》をつとめた甲良家の屋敷があったことからついた町名だ。

この甲良屋敷と柳町は隣接しているため、試衛館の所在地を柳町とする史料は当時から多い。しかし、それが次のような誤りを生み、新選組愛好家を混乱させることになった。

永倉新八の大正《たいしょう》二年の談話をもとにした『新撰組顚末記』の記述である。

「小石川小日向《こびなた》柳町坂上に道場を開く近藤勇」

つまり柳町は柳町でも、小石川の柳町とされているのだ。その後、昭和三年の『新選組始末記』（子母沢寛著）もこの説をとったため、試衛館の所在地は小石川というように広く一般に浸透してしまった。

しかし、肝心の幕末の当時に書かれた記録では、すべて市ヶ谷に試衛館があったことになっており、小石川とされているものは一つもない。

現に、『顚末記』では小石川説をとっているかのような永倉新八でさえ、別の自筆記録『浪士文久《ぶんきゅう》報国記事』では次のように書いているのだ。

「市ケ谷加賀屋敷柳町に罷《まか》り在《あ》る近藤勇、剣術導場《（ママ）》を開き日々稽古盛り――」

加賀屋敷というのは、やはり市ヶ谷柳町に隣接する町名である。永倉の認識では、試衛館は小石川ではなく市ヶ谷にあったことが明らかだろう。

『顚末記』は、前述したように、永倉の生の発言ではなく、新聞記者が記事をまとめたものだ。記者の誤解による誤りが細部にあったとしても、まったく不思議はない。

試衛館の所在地が市ヶ谷であったことは、もはや動かしようのない事実なのである。

では、本来、「市ヶ谷甲良屋敷」とするべき所在地に対して、なぜ「市ヶ谷柳町」とか、「市ヶ谷加賀屋敷」といった表記がなされるのか。右にあげた史料のほかにも、柳町や加賀屋敷と書かれた記録はいくつもあり、一定しないのはなぜなのだろうか。

それは、当時の人々の感覚が現代のわれわれとは違うということがすべてなのだ。

当時は現代と違っておおらかな時代で、住所表記などは、公文書に使う場合のほかは「目やす」でしかなかった。「目やす」である以上、目立たなくてはならないわけで、実際の住居表示よりもわかりやすい表記にすることが当然のように行われていたのである。

だから、「甲良屋敷」よりも、隣接する「柳町」や「加賀屋敷」のほうが有名な町名であった場合、まったくこだわらずにそちらのほうを住居表示に使っていたのだった。

当時と現代との感覚の違い。歴史を学ぶにあたっては、このことをたえず頭に入れておく必要がある。

四　土方歳三はなぜ丁稚奉公に失敗したのか

のちに近藤勇の盟友となる土方歳三は、近藤より一年遅れた天保六年（一八三五）、武州《ぶしゅう》多摩郡石田村の農家に生まれた。

誕生日は、近藤同様にはっきりしておらず、土方家にも伝わっていないようだ。しかし、義兄にあたる日野《ひの》宿名主の佐藤彦五郎の家には伝承があったものか、彦五郎の孫の佐藤仁氏が昭和十年にラジオ番組で語ったという証言が、『土方歳三のすべて』（新人物往来社）に収録されている。

「歳三は、天保六年五月五日の御節句《せっく》、軒先《のきさき》に葺《ふ》いた菖蒲《しょうぶ》の葉越しに、朝日がパッとさし込んだ時、土方隼人《はやと》の四男の末子《ばっし》として産まれました」

これによれば、歳三の誕生日は五月五日ということになる。男子の節句に生まれたというのもできすぎのような気がするが、ほかに否定する材料もない以上、したがっておくしかないだろう。

父の土方隼人は、本名を義諄《よしあつ》といい、土方家の当主は代々、隼人を名乗ることになっていた。この隼人は、残念なことに歳三が生まれる直前の二月五日に病死している。

歳三は、父親の顔を知らずに育ったのだ。しかも、五年後の天保十一年（一八四〇）、六歳のときには、母の恵津《えつ》も病死してしまった。女だてらに、よく酒を飲んだ人であったと伝わっている。

兄弟は上に五人いて、長男の為次郎《ためじろう》は目が不自由だったため、次男の喜六《きろく》が土方家の家督を継いでいた。三男の大作は、下染谷《しもそめや》村の粕谷《かすや》家に養子に行き、良循《りようじゆん》と名乗って医者になった。

また、長女の周は十六歳で病死しており、次女ののぶは、弘化《こうか》元年（一八四四）、十三歳のときに日野の佐藤彦五郎に嫁ぐことになる。

母恵津の死後は、次兄の喜六と、その妻なかが両親の代わりとなって歳三を養育した。それに、土方家は農耕馬二頭、作男《さくおとこ》四、五人を常に抱えているほどの裕福な農家だったから、歳三が成長するにはなんら問題はなかった。

しかし、喜六夫妻と歳三は、どうもあまり折り合いがよくなかったようだ。やはり、実の両親ではないということが、幼い歳三の心に引っ掛かっていたのかもしれない。

ちなみに、当時は武士でも農民でも、家督を継ぐことができるのは長男だけに限られていた。

次男以下の者は、他家に養子にもらわれていってその家を継ぐか、もしくは商家に奉《ほう》公《こう》に出て、商人となるくらいしか一人前になる道はなかった。それがかなわなければ、実家で厄介者《やっかいもの》として一生を過ごすことになるのだ。

それで歳三も、弘化二年（一八四五）、十一歳になると丁稚《でっち》奉公に出された。店は、江戸上野広小路にある呉服商の松坂屋だった。

現在の松坂屋百貨店の前身である。当時から有名な大店《おおだな》であったから、商人の道を志した歳三にとっては、恵まれたスタートということができた。

しかし、丁稚の仕事は、初めのころは店の掃除や、主人のお供、使い走りくらいしかさせてもらえない。給金というものもなく、小遣いもほとんど与えられることはなかった。

そういった生活が何年も続き、やがて手代《てだい》となったあとも、さらに番頭《ばんとう》になり、独立するまでには長い年月を必要とした。それを耐えて地道につとめあげてこそ、商人としての成功があるのだった。

ところが、歳三は、その最初の段階で早くも挫折してしまった。

ある日、ささいなことで番頭に叱《しか》られて頭をなぐられると、逆に食ってかかり、そのまま店をぷいと飛び出した。そして、九里の道程を歩いて、実家に帰ってしまったのだ。

兄喜六は驚き、なんとかなだめて引き返させようとするが、歳三は承知せず、ついに二度と店には帰らなかった。プライドが高く、負けん気の人一倍強い少年だったのである。

その後、故郷での生活に戻った歳三だったが、自然、実家にはいづらくなった。それで、姉のぶが嫁いでいた日野宿の名主佐藤彦五郎家に入りびたるようになっていた。四つ違いの姉のぶは、歳三にとって、もっとも心安い親族だったのだろう。以後、歳三は実家にいるよりも、半里離れた佐藤家にいることのほうが多かったと伝わっている。しばらくの間、この佐藤家の家事を手伝ったりして過ごした歳三だったが、いつまでもそうしているわけにもいかない。嘉永四年（一八五一）、十七歳のとき、ふたたび奉公に出ることになった。

今度の店は江戸大伝《おおでん》馬《ま》町《ちょう》の呉服店で、店名ははっきりしない。一説では、松坂屋の支店であったともいう。十七歳といえば、すでに丁稚をつとめる年齢ではないから、土方家や佐藤家から特別に口をきいてもらったものだろう。

しかし、歳三の奉公はまたしてもつとまらなかった。今度はなんと、女性問題を起こしてしまったのだ。相手は同僚の女中であったという。

歳三は、写真が現在に残されているが、かなりの美男子である。小野路村の橋本政直が著した『両雄士伝補遺』という史料にも、

「身丈《みのたけ》五尺《しゃく》五寸《すん》、眉目清秀《びもくせいしゅう》にしてすこぶる美男子たり」

と記されている。当時の成人男子の平均身長は五尺二寸（約百五十八センチ）ほどであったから、歳三の五尺五寸（約百六十七センチ）というのは長身のほうだった。

そのうえ、すこぶる美男子であったというのだから、江戸の若い女性たちが放っておかなかったのも無理はなかっただろう。

歳三のほうも、女中に夢中になっていたようで、二人の関係を故郷の義兄彦五郎に打ち明けた。しかし彦五郎は、そんな身元もわからない女をと猛反対した。一時の気の迷いで、義弟の前途を誤らせるわけにはいかないと思ったのだ。

歳三もようやく目がさめて、女中との関係を思いとどまった。そして、彦五郎が行って女に話をつけてこようと申し出ると、歳三は、「なあにこれしきのこと、兄をわずらわすことはない」といって、自分できっぱりとけりをつけてきたという。

ただし、この一件が原因で、またしても店は辞めることになってしまった。商人の道は、やはり歳三には向いていなかったということなのだろう。

五　土方歳三が天然理心流に入門したのはいつだったのか

現在も、東京都日野市の土方家の庭には、矢竹《やたけ》という名の竹が育っている。これは、幕末当時に土方歳三の手で植えられたものだった。

矢竹は、節と節の間隔が長く、細身であったので、弓矢の矢をつくる材料に適していた。そのため、武士の家では、この矢竹を庭で栽培することが多かったという。

徳川の泰平《たいへい》の世では、日常的に弓矢を必要とされることはなかったが、依然として弓矢は武士の世界では重んじられていた。武家のことを「弓馬《きゅうば》の家」と呼んだりすることでもわかるように、いわば弓矢は武士の代名詞であったのだ。

それを知った歳三は、実家の庭に矢竹を植え、周囲の者に向かってこう宣言した。

「俺は将来、成人したら立派な武士になって国のために尽くす。そのとき矢をつくるのだ」

商家での奉公や、家業の農業に身が入らなかったのも無理はない。歳三には、武士になるという大きな夢があったのである。

その思いは、二度目の奉公に失敗して帰郷したころから、より強くなっていた。そして、夢の実現のために剣術を始めることを決意する。

幸いに、義兄彦五郎のもとには、江戸から近藤周助という剣客が時折やってきて、天然理心流の剣術を教えていた。この周助に、歳三は入門した。

周助の養子になっていた近藤勇と出会ったのも、このころのことだ。勇十八歳、歳三は一歳年下の十七歳だった。

同年配の二人は、すぐに意気投合し、無二の親友となったという。『両雄士伝補遺』には歳三について、

「昌宜《まさよし》（近藤勇）と兄弟の義を結び、ともに琢磨《たくま》をきわむ」

とある。二人は義兄弟の契りを結ぶほどの親密な関係となっていたのだ。

義兄弟というのは、中国の『三国志』のなかで、劉備、関羽、張飛の三人が志をともにすることの証しとして義兄弟の盃《さかずき》をかわした話がもとになっている。幼少のころから関羽にあこがれていた勇は、その生涯を地で行くかのように歳三と義兄弟となり、ほかにも日野の佐藤彦五郎、小野路の小島鹿之助らと同様の契りを結んでいた。

ところで、天然理心流に入門した歳三のことは、小島の『両雄士伝』にこう記されている。

「土方義豊《よしとよ》、通称は歳三（中略）、はじめ十七、邦武《くにたけ》（近藤周助）の門に入り、いまだいくばくならずして、技おおいに進む」

☗土方歳三肖像(佐藤福子氏蔵)
土方の肖像は数種あり、この真影に修整を加えたものが市立函館図書館に所蔵されているものである。

十七歳で入門した歳三は、剣術修行に励み、短期間のうちに技術が上達したという。しかし、現存する理心流の門人帳である「神文血判帳」では、歳三の入門時期を十七歳のときとはしていない。それより遅い安政六年（一八五九）三月、二十五歳のときとなっているのだ。

この食い違いは、どういうことなのだろうか。

その謎を解く鍵は、歳三の武者修行にあった。

土方家では、農業のほかに家伝《かでん》の石田散薬《さんやく》という薬を製造販売していた。これは、骨つぎ、打ち身に効く飲み薬で、多摩川の水辺に生えている牛革草《ぎゅうかくそう》という草を採取し、黒焼きにして粉末状にしたものだった。

変わっていたのは、服用するときは必ず酒と一緒に飲まなければならないとされていたことで、そうしなければ効き目がないという。現在から考えると、なんともあやしげな薬であったが、これを行商して歩くのが歳三の役目だった。家業を手伝いたがらない歳三も、この仕事だけはいやがらずにやった。

実は、ただ売り歩くのではなく、薬を入れたつづらの上にいつも剣術道具一式をくくりつけていた。そして、行く先々に剣術道場があると、飛び込んで試合を申し込み、自分の腕をためす。そんな日々をおくっていたのだ。

日野の道場で地味な稽古に明け暮れるよりも、派手で刺激的な武者修行のほうが、歳三の性格に合っていたのだろう。

ただし、他流試合というものは、基本的にどの流派でも嫌われていた。天然理心流も例外ではなく、「神文血判帳」には、こう明記されている。

「一、手前いたらずうち他流と試合一切《いっさい》つかまつるまじく候《そうろう》こと」

修行中の身で、他流派と試合をすることは堅く禁じられていたのだ。

歳三の行動は、明らかにこれに違反していた。そのため、歳三は一時的に理心流を破《は》門《もん》されてしまったのではないだろうか。

二十五歳のときに「神文血判帳」にあらためて名が記されたのは、破門を解かれて復帰したさいのものと考えるべきだろう。

六　沖田総司の三段突きはどのような技だったのか

嘉永六年（一八五三）六月三日、日本を震撼《しんかん》させる大事件が起こった。ペリー率いるアメリカ艦隊が突如、江戸湾の浦賀沖《うらがおき》に来航したのである。

巨大な黒船の脅威を背景に開国を迫るアメリカの前に日本は揺れ、これ以降、日本国内では、外国を撃退することを主張する攘夷《じょうい》派と開国派が激しく対立する。

幕末維新の動乱の時代がやってきたのだ。

しかし、残念なことに、この事態に対して、近藤勇や土方歳三らがどのように反応したかはわかっていない。そのころの記録が、ちょうど欠けていて、彼らの動向を探ることができないのだ。

ただ、おそらくは、時代の変革を感じながらも、それまでと変わらない日常をおくっていたと思われる。日本をあげての大騒動とはいえ、一介の多摩の青年たちにとっては、やはり政治の世界は縁遠いものだった。

それから五年後の安政五年（一八五八）八月、日野宿の天然理心流一門が、自分たちの姓名を記した額を地元の八坂《やさか》神社に奉納《ほうのう》した。

額を神社に納めるというのは、神に対して武芸上達を祈念《きねん》するという意味だった。当時の剣術界では、よく行われていた風習だ。

欅《けやき》の一枚板に書かれた門人の人数は二十五人で、のちの新選組関係者を抜き出すと、次のようである。

井上松五郎一俊《かずとし》
佐藤彦五郎正俊《まさとし》
井上源三郎一重《かずしげ》
沖田惣次郎《そうじろう》藤原春政《はるまさ》
嶋崎勇藤原義武《よしたけ》

土方歳三の名がないのは、ちょうど理心流を離れていた時期にあたるからだった。本来ならば当然そこにあるはずの自分の名がないことは、歳三に復帰を決心させる一因となったかもしれない。

右のうち、佐藤彦五郎は歳三の義兄であり、嶋崎勇というのが近藤勇のことであるのはいうまでもない。

あとの井上松五郎は、八王子千人同心の一人だった。千人同心というのは徳川家康以来の制度で、ふだんは農業に従事しながら、事が起きた場合には幕府のために戦うことになっていた半士半農の武士だ。

松五郎の弟が井上源三郎で、実家で農業を手伝って暮らしていたが、弘化年間（一八四四——四七）ごろから近藤周助に師事している。この二年後には免許皆伝《かいでん》に至ったほどの剣客だった。

そして、もう一人、沖田惣次郎という名が記されている。のちに新選組随一《ずいいつ》の遣《つか》い手《て》として名をはせる、沖田総司《そうじ》のことである。

沖田総司は、天保十三年（一八四二）、陸奥白河《むつしらかわ》藩士沖田勝次郎《かつじろう》の長男として生まれた。母親の名は伝わっていない。

父の勝次郎は、白河藩士といっても江戸詰めであり、総司も麻布《あざぶ》の下屋敷《しもやしき》で誕生した。上に二人の姉がいて、沖田家は五人家族であったが、家禄はわずか二十二俵《ひょう》二人扶持《ふち》だったため、生活は楽ではなかった。

しかも、総司がまだ四歳の弘化二年（一八四五）、父勝次郎が病死した。本来ならば長男の総司が跡を継ぐはずだったが、幼少であったことから、長姉《ちょうし》のみつが日野宿の農民井上林太郎《りんたろう》を婿《むこ》に迎えて家督を相続させていた。

その後、年月不明ながら母親も他界したと伝わり、両親を失った総司は嘉永三年（一八五〇）、九歳のときに江戸の剣客近藤周助のもとに預けられた。いわゆる口減《くちべ》らしであったのだろう。生活の苦しい沖田家としては、やむをえないことだった。

周助の試衛館に内弟子というかたちで住み込むようになった総司は、以後、剣術修行に励む日々をおくった。自分の孤独な境遇を、剣術に打ち込むことで忘れようとしたのかもしれなかった。

総司の天性の才能はすぐに発揮された。たとえば、十二歳のときに白河藩の剣術指南《しなん》役《やく》と対戦し、みごと勝利を得たという話が伝わっている。まだ元服前の子供が、おとなの達人を倒したというのだから、事実であるならばたいしたものだ。

その後も上達を続けた総司は、文久元年(一八六一)、二十歳のころには試衛館の塾《じゆく》頭《とう》になっている。残念ながら、総司に関する剣術の目録のたぐいは一切残っていないので、どの時点でどれだけ強かったかを正確に知ることはできない。

しかし、少なくとも塾頭をつとめるようになったころには、免許皆伝に至っていたとみるべきだろう。とすれば、ほぼ十代のうちに免許を得たということになる。

天然理心流の階級は、次の四段階に進むことになっていた。

切紙《きりがみ》—初目録《しよもくろく》—中極位《ごくい》目録—免許

この上に、印可《いんか》、指南免許というものがあり、門人をとって教授するためには指南免許が必要だったが、免許までいけば、一応流儀を修めたことになった。

その免許を取得するまでにかかる平均年数は、理心流の場合、入門からおよそ十年であったという。総司は九歳から入門しているので、ちょうど十年ほどたっている。

これは一見、標準的なペースのように思えるが、総年数こそそうであっても、到達年齢の若さに注目したい。結果的に十代で免許に至るというのは、ほかの理心流修行者に例をみない快挙だった。

このことからいっても、総司が天賦《てんぷ》の剣才に恵まれていたことは明らかだろう。

ところで、沖田総司には、有名な必殺技があった。「三段突き」といわれるものだ。

佐藤彦五郎の長男俊宣《としのぶ》が語り残したところによると、理心流の突き技には、他流派にない特徴があった。

「この流の『突き』は必ず三本に出る。しかも刀の刃を下とか上とかへ向けて行くたいていの剣法と違って、勇をはじめ、刀を平らに寝せて、刃は常に外側へ向け、突いて出てもし万に一つ突き損じても、どこかを斬るという法をとった」

そして、この突き技を、最も得意としていたのが総司だった。俊宣は、こう続けている。

「やっ！　といって一度いなずまのように突いて行って、手ごたえがあってもなくても、石火《せっか》の早わざで、糸を引くように刀をふたたび手元へ引くと、間一髪を入れずにまた突く、これを引くともう一度行く。この三つの技が、まったく凝身《ぎょうしん》一体、一つになって、すなわちこの三本で完全な突きの一本となることとなっている。や、や、や、と足拍子三つが、一つに聞こえ、三本仕掛けが、一技とより見えぬ沖田の稽古には、同流他流を問わず、感心せぬものはなかった」

三回の突きが一回にしかみえなかったというのだから、その剣さばきの鋭さがうかがえる。必殺の「三段突き」は、総司の人並みはずれた運動能力が生み出したものだったのだ。

なお、このことについて、以前、某テレビ番組で、「三本の突きが一つに見えるというのは、どれくらいの速度であったのか」という考証をしていたことがある。

それによれば、ふつうの剣客が三回突くのにかかる時間を一・五秒とすると、一つに見えるためにはその九倍の速度、つまり〇・一七秒の間に三回突かなければならないのだという。これでは人間業《わざ》ではない。

佐藤俊宣の悪意のない誇張に、そこまでこだわる必要はないだろう。無理に数字まで出さなくとも、総司の剣の冴えは談話から十分に伝わってくるのである。

七　土方歳三の多摩時代の庶民的な素顔とは

土方歳三の兄の為次郎は、閑山亭石翠《かんざんていせきすい》と号する俳人でもあった。また、義兄佐藤彦五郎も春日庵盛車《かすがあんせいしゃ》と号してよく詠《よ》んだ。

これらの親類に影響されて、歳三も俳句を詠むようになっていた。俳号は豊玉《ほうぎょく》といい、これは諱《いみな》の義豊からとって名付けたものだった。

作風はとてもほのぼのとしていて、春の句が多いのが特徴だ。のちに上洛《じょうらく》するときに実家に残していった『豊玉発句《ほっく》集』には、四十一の句が収められているが、全体の七割にあたる三十句が春を詠んだ句である。

人の世の　ものとはみえず梅の花
春の夜は　むずかしからぬ噺《はなし》かな
来た人に　もらいあくびや春の雨

といったものや、

梅の花　一輪咲いても梅は梅
春は春　きのうの雪も今日はとけ
うぐいすや　はたきの音もつひやめる

といったものなど、春ののどかな情景を詠んだ句が並んでいて、なんともほほえましい。四季のなかで、歳三は春が特別に好きだったのだろう。

ちなみに、そのなかで私が一番共感を抱いた句は、これだ。

春の草　五色《ごしき》までは覚えけり

いうまでもなく、七草粥《ななくさがゆ》の材料にする「春の七草」をとりあげた句である。スズナ、スズシロ、セリ、ナズナ、ゴギョウ、ハコベラ、ホトケノザというのが七草だが、現代ではこれを全部いえる人は少なくなっている。

その点、昔の人は当然のように全部いえるのだろうと思っていたが、実はそうでもなかったのだ。少なくとも歳三は五つしか覚えてないらしい。思わず歳三に親近感を抱いてしまう一句である。

また、司馬遼太郎の小説『燃えよ剣』で紹介されて有名になった句に、「知れば迷い知らねば迷わぬ恋の道」というのがあるが、『豊玉発句集』には正確にはこのように記されている。

しれば迷い　しなければ迷わぬ恋の道

「しなければ」という言葉使いは少々おかしいが、意味は変わらないだろう。いつの時代でも、恋に迷う若者の気持ちは同じであり、歳三もまた迷っていたのだ。

新選組副長のもう一つの素顔が、かいま見られるようである。

このように、多摩のころの土方歳三には、庶民的なエピソードが多い。

熱い風呂が好きだった歳三は、兄喜六の長男の作助《さくすけ》が湯が熱いといって入るのをためらっていると、

「このくらい熱い湯に入らなければ、大きくなってから偉い人になれないぞ」

と叱った。そして、いやがる作助を無理やり湯船にほうり込んで、上からふたをしてしまうのだった。これをおそれた作助は、歳三につかまるまいとして、はだかのままよく庭を逃げまわったという。

また、義兄佐藤彦五郎の四男に彦吉《ひこきち》というのがいて、庭で遊んでいるときにころんで

額《ひたい》を石の角にぶつけたことがあった。歳三はそのとき玄関の間で昼寝をしていたが、泣き声を聞いてはね起きた。

すぐに現場に駆けつけて彦吉を抱え上げ、部屋に運び入れた歳三は、

「男子の向こう傷だ、めでたいめでたい」

といいながら手当してやったという。べそをかく彦吉を、なんとかしてなだめようとしたのだろう。

甥たちにとっては、歳三もごくふつうの伯父さんに過ぎなかったようだ。

このほかに、佐藤家に伝わっている話として、餅つきのエピソードというのがある。

佐藤家では、毎年十二月二十八日に正月用の餅をつくことになっていたが、つき手としてよくかり出されたのが居候《いそうろう》の歳三だった。線が細いわりに力のある歳三は、これが得意で、家人《かじん》から重宝《ちょうほう》されていた。

しかも、ただ餅をつくのではなく、まじめな顔をしながら滑稽《こっけい》な所作《しょさ》をまじえて杵《きね》をふるうので、家人たちはみな大笑いしたものだった。意外にひょうきんなところのある歳三だった。

あるとき、たまたま近藤勇が餅つきの日にやってきて、「俺にも一つ貸してみろ」といって杵をとり、餅をつき始めたことがあった。

しかし、勇は杵の持ち方を知らなかったのか、まるで刀の柄を持つように両手を近づ

けて持つため、先がふらついてうまくいかない。すぐに息切れしてしまい、「まいった、まいった」といってやめてしまったという。

歳三の器用さとは正反対で、勇は不器用だったのだろう。

八　近藤勇と土方歳三に持ちかけられた縁談とは

万延《まんえん》元年（一八六〇）、二十七歳になった近藤勇は結婚をすることになった。本人はまだその気はなかったのだが、親戚や養父周助にせかされて、身を固める決心をしたのだ。

しかし、五、六人の相手と見合いを重ねても、なぜか勇はこれらをすべて断った。相手の娘はみな美人ばかりであったが、どうしたことか勇は首を縦に振らなかった。

ところが最後に、顔にあばたのある、あまり器量のよくない女性と見合いをしたとき、意外にも勇は結婚を承知した。

理由を尋ねられると、勇はこう答えたという。

「確かに前の数人はみな美人だった。しかし、私と会っているときに、媚《こび》を含んだ色っぽい態度を見せた。ああいうのは私は好きではない。その点、この女性だけはとても恥じらうようすがあり、へりくだるところが見えた。それで、私は彼女をめとろうと思ったのだ」

この言葉は、『両雄士伝補遺』の記述の読み下しだが、ほかにも、『近藤勇』（鹿島淑男著）に同様の記述がみられる。ただ、少々ニュアンスが違っているので、そちらも紹介しておきたい。

「貞女《ていじょ》は醜婦《しゅうふ》に求むべし。容色ある女はおのれを顧《かえり》みて貞淑《ていしゅく》を欠くのが世の常である。醜女《しこめ》はみずから人並みならぬを知っているから、真情をもって夫に仕《つか》え、常に控えがちにおのれを持する者である。自分がことさらに醜婦をえらんだのは、この婦徳《ふとく》ある女を得たいと思ったからである」

いずれにしても、勇は女性の外見上の美しさよりも、人間性を重視したのだった。これは口でいうのは簡単だが、なかなかできることではない。勇の男らしい立派な態度には、周囲の人々も感心するばかりだったという。

はれて勇の妻となった女性の名は、つねといった。御三卿《きょう》の一つ、清水家の家臣松井八十五郎《やそごろう》の長女で、この年、二十四歳。当時としては年齢がいっているように思えるのは、やはり容貌のせいであったのだろうか。

とはいえ、かりにも武士の娘をめとることができたのは、勇にとっては意味のあることだった。実は、剣術師範というのは、武士に似ているが武士ではない。勇の身分は依然として町人でしかないのだ。

通常、町人は町人としか結婚はできない。だから、武士にあこがれる勇の上昇志向が、身分の高いつねを選ばせることになったともいえるのである。

一方、近藤家の跡取りとなった勇と違い、土方歳三は農家の四男坊であったから、本来は結婚などできない立場だった。

しかし、そこは石田村随一の富農である土方家だ。歳三を独立させて嫁をとらせようという話が持ち上がった。

あるいは、二枚目であるのが災いして、江戸の奉公のときのような失敗を繰り返さないよう、早く身を固めさせようという周囲の配慮であったのかもしれない。

相手に選ばれた女性の名は琴《こと》といった。内藤新宿に近い戸塚《とつか》村の三味線屋の一人娘で、地元でも評判の美人と伝わっている。

三味線を作るのは父親だったが、店番をしたり、品物を売るさいに調律《ちょうりつ》するのは、この琴の仕事だった。自分で弾いてもなかなか上手で、長唄《ながうた》も名取《なとり》となるほどの名人であったという。

土方家の長男為次郎は、目が不自由であったため風流人として暮らしており、三味線の撥《ばち》や糸はいつもこの店で買い求めていた。それで思いついたのが、看板娘の琴と歳三をめあわすことだったのだ。

これには佐藤彦五郎らの親類も喜び、早々と先方の意向を確認に出かけた。幸いに、すぐに快諾を得ることができ、いつの間にか話は挙式寸前のところまで進んでいた。

しかし、肝心の歳三は乗り気ではなかった。

本人を差し置いて盛り上がる周囲に向かって、こういった。

「この天下多事のさい、何か事をなしとげて名をあげたい。だから、なおしばらくは私を自由の身にしておいてくれ」

武士になる大望を抱いていた歳三としては、いま身を固めて、行動が制限されるようになることは避けなければならない。そう説明して、琴との結婚の延期を申し出たのだった。

これを聞いた親類たちもなるほどと思い、それならばと、とりあえず琴は歳三の許婚《いいなずけ》ということになった。

ただし、その後、二人が結ばれることはついになかった。幕末の動乱が、歳三に安住の地を与えることをしなかったからだ。

結果的に、歳三は勇と違って生涯を独身で通すことになる。

九 山南敬助の剣の流派は何だったのか

文久元年《ぶんきゅう》(一八六一)八月二十七日、府中六所宮《ろくしょぐう》において、天然理心流宗家四代目の襲名披露《しゅうめい》の野試合が行われた。以後、近藤勇が四代目として道統を継ぎ、先代の周助は周斎《しゅうさい》と改名して隠居することになる。

野試合というのは、理心流の門人たちが二組に分かれて行う模擬の合戦だった。当日の参加者八十六人のなかから、赤組と白組に三十五人ずつ分けられ、残る十六人は行司《ぎょうじ》役として本陣に詰めていた。

この日の主役である近藤勇は、戦闘に参加せず、本陣の総大将として戦況を見守った。そのかたわらには、沖田総司と井上源三郎が控え、それぞれ戦闘の合図としての太鼓と鉦《かね》をたたく役にあたっていた。

ほかに新選組関係者としては、赤組に土方歳三と山南敬助《やまなみけいすけ》、白組に佐藤彦五郎と井上松五郎が所属しており、本番が始まると、実戦さながらの打ち合いが展開された。

結果は、三本勝負のところを二対一で白組が勝利をおさめ、大盛況のうちに野試合は終わった。

試合後の逸話《いつわ》として、この晩、一同はこぞって府中宿に繰り出し、遊郭《ゆうかく》に登楼《とうろう》して狂態のかぎりを尽くしたと伝わっている。参加者には血気盛んな若者たちが多かったから、仕方のないことであったろう。

しかし、この若者たちの脱線を、当日は所用で不参加だった小野路村の小島鹿之助が知り、

「このような襲名披露の催しは歴史に残り、千年ののちまでも功名《こうみょう》が伝えられるものであるのに、まことに残念なことだ」

と嘆いたという。近藤、土方、沖田、井上、山南らは、鹿之助の苦言《くげん》をどう聞いただろうか。

ところで、右のうち山南敬助は、もとは天然理心流の門人ではなかった。

天保四年（一八三三）、陸奥仙台藩の剣術師範の次男として生まれた山南は、江戸に出て神田お玉が池の千葉道場に入門し、北辰一刀流を学んだ。

それがある日、ふらりと立ち寄った市ケ谷の試衛館で、近藤勇と手合わせをして敗れてしまった。自分の未熟をさとった山南は、その場で近藤に弟子入りし、以後は理心流を修行するようになったのだった。

山南が北辰一刀流の出であることは、同志永倉新八の記録にも、

「剣術北辰一刀流千葉周作《しゅうさく》門人免許」

とあることで確認できる。

しかし、これには異説があり、『別冊歴史読本・新選組隊士録』所収の清水隆「山南敬助」によれば、山南の剣は小野派一刀流であり、柳剛流《りゅうごうりゅう》の剣客中山幾之進《いくのしん》が記した嘉永五年（一八五二）四月ごろの対戦記録に、次のようにあるという。

飯田町堀留《ほりどめ》大久保九郎兵衛《くろべえ》門人
一刀流　　山南敬輔（ママ）

清水氏の調査によれば、この大久保九郎兵衛という人物は九百石の旗本で、小野派一刀流の遣い手だった。ということは、山南の学んだ流派も小野派一刀流にほかならないのだ。

小野派一刀流は、一刀流の剣豪神子上典膳《みこがみてんぜん》の二男である小野忠明《ただあき》が江戸時代初期に始めた流派で、徳川将軍家の師範もつとめた名門だった。幕末に千葉周作によって創始された北辰一刀流は、この小野派一刀流の流れも汲んでいるので、両者はそれほど掛け離れたものではない。

だから、山南が北辰一刀流であったというのは永倉らの勘違いで、実際には小野派一刀流を遣っていたのかもしれない。幕末においては、小野派よりも北辰のほうが圧倒的に流行していたから、そうした間違いの起こる可能性は十分にある。

しかし、私は次のように考えている。山南は、実際に両方の流派を学んでいたのではないかと。

なぜならば、のちに山南は、近藤の実力に屈服し、天然理心流に鞍替《くらが》えしたという事実がある。それまでの剣を捨てて、あっさりと流儀を変えてしまっているのだ。

この山南の性格から考えて、過去に小野派から北辰に転向した経過があったとしてもまったく不自然ではない。中山幾之進と対戦したときはまだ二十歳のころであったから、その後、北辰一刀流を学ぶようになったということも十分に考えられるのだ。

これならば、二つの記録が残っていることの矛盾《むじゅん》も解決する。

小野派一刀流―北辰一刀流―天然理心流と流儀を変え続けた山南は、自分に満足することなく、絶えず進歩しようとしていた人であったのかもしれない。

一〇　永倉新八が男谷道場で試合をしたのは本当か

山南敬助のほかにも、試衛館には他流派出身の剣客が何人も食客《しょっかく》（居候）として居着《いつ》いていた。たとえば、これまでにも名を出してきた神道無念流の永倉新八。

新選組の記録を後世に残したことでも知られる永倉は、天保十年（一八三九）九月十二日、松前《まつまえ》藩士長倉甚治《ながくらじんじ》の次男として江戸中屋敷に生まれた。父の甚治は百五十石取りの江戸詰め藩士であり、母の名は利恵《りえ》といった。

永倉の幼名は栄治で、次男とはいうものの長男は早逝《そうせい》していたから、実質的な長男として育てられることになった。

幼少のころから腕白《わんぱく》に育った永倉は、八歳のとき早くも剣の道をこころざし、神道無念流の剣客岡田十松《じゅうまつ》に入門する。父の甚治も永倉の修行を奨励し、

「栄治、そなたも武士の家に生まれたことであれば、文武の二道にこころざす以上、あっぱれ身を鍛えて家名をあげるようにいたせ」

といって聞かせた。

修行を始めた永倉は、すぐに天性の太刀筋《たちすじ》のよさを発揮し、十五歳で切紙を与えられ、

安政三年（一八五六）、十八歳のときには本目録を授けられるほどの腕前となる。この年、元服して名も栄治から新八へとあらためた。

そして、自宅にいながらの剣術修行にあきたらなくなった永倉は、さらなる剣の道をめざして、ついに翌年の春、家を飛び出してしまった。これは、いわゆる脱藩にあたり、本来は罪に問われるものだったが、剣に熱心なあまりのこととして特別に藩も許した。

家出した永倉が身を寄せたのは、やはり神道無念流の剣客で、本所亀沢町《ほんじよかめさわちょう》に道場を開く百合元昇三《ゆりもとしょうぞう》のもとだった。永倉は、この百合元道場に住み込んで、門弟たちに稽古をつけたり、出稽古先をまわったりしながらみずからの剣技をみがいたのだ。

その後、牛込御留守居町《うしごめおるすいちょう》に道場を開く心形刀流《しんぎょうとうりゅう》の坪内主馬《つぼうちしゅめ》に招かれた永倉は、そこで師範代をつとめるかたわら、江戸府内の道場をめぐって有名な剣客たちに手合わせを挑むという日々をおくる。

こうして出会ったのが、天然理心流の近藤勇だった。

そして、いつしか永倉は近藤の道場に居着いてしまう。なぜ試衛館がそんなに気に入ったのか。その理由を本人は、『新撰組顚末記』でこう語っている。

「永倉新八は最初ほんの剣術修行のつもりで近藤塾へ足を運んだが、日をへるとともに近藤の身辺からほとばしる義気が永倉のそれと合し、はては沖田、土方、山南その他の豪傑連とともにいつしか親密のまじわりを結ぶ仲となった」

永倉の学んだ神道無念流は、当時江戸で流行していた三大流派の一つであり、坪内のところの心形刀流も四番手に数えられる有名流派だった。そんな、いわば剣のエリートであった永倉が、天然理心流のような田舎剣法にひかれたのは、ひとえに近藤の人間的魅力によるところが大きかったのだ。

この永倉が、試衛館に出入りするようになったのがいつなのかははっきりしないが、前述の百合元道場には足掛け四年いたというから、早くても万延元年（一八六〇）以降のことになるだろう。

ある日、永倉は近藤、土方、沖田とともに、本所亀沢町に直心影流《じきしんかげりゅう》の道場を開く男谷《おだに》精一郎《せいいちろう》のもとを訪れた。他流試合を申し込むためだ。

天然理心流では他流試合を禁止していたのではなかったかと指摘されそうだが、あれはあくまでも「手前いたらずうち」、つまり腕前が未熟なうちは他流試合を禁ずるというものだった。したがって、すでに相当の遣い手となっているこのころの四人については、あてはまるものではない。

この日、近藤は、男谷の師範代をつとめる本梅縫之助《ほんめぬいのすけ》と立ち合い、本梅の鋭い剣さばきの前に竹刀《しない》をはじき飛ばされてしまった。

しかし、近藤はあせらず、とっさに二、三歩飛びさがると、柔術のかまえをとって相手を威嚇《いかく》した。その気迫には本梅も圧倒され、丸腰の近藤に対してどうしてもそれ以上打ち込むことができず、ついに「お手並み見えてござる」といって竹刀を納めて引き下がったのだった。

確かに真剣勝負の場であれば、刀を打ち落とされても勝敗が決するわけではない。相手にとどめをさすまでは勝ったとはいえないのだ。その意味で、最後まで勝負をあきらめない近藤の行動は、真の武士のあるべき姿といえた。

道場主の男谷も感心して、

「死中に活を求むるは剣の極意である。今日の勇の振る舞いはそれだ」

と試合後、門人たちに語ったという。

近藤の気迫が伝わってくるようなこのエピソードは、永倉の『新撰組顚末記』に記されているものだ。

永倉は当日の参加者四人のうちの一人であるから、試合のようすも永倉が実際に目にしたものと思われていた。

ところが、よく調べてみると、意外な事実が判明した。同じエピソードが、『顚末記』よりも成立の早い『近藤勇』(鹿島淑男著)にも出ており、そこにはこのように記されている。

「勇と同行したのは土方歳三、佐藤彦五郎、沖田総司の四人であった」

なんと、ここでは永倉は参加したことになっておらず、かわりに日野の佐藤彦五郎の名があがっているのだ。

近藤との関係からいっても、技量からいっても、ここに彦五郎の名があることに問題はない。当日、男谷道場に行ったのが永倉ではなく彦五郎であった可能性は十分にある。とすれば、『顚末記』が後発である以上、エピソードの原型にあった彦五郎の名が永倉に置き換えられた可能性は高いということだ。

もちろん、それは永倉自身が偽《いつわ》りを語ったというわけではない。何度もいうように、『顚末記』の初出である「小樽新聞」の連載記事「永倉新八」は、永倉の談話そのものではない。あくまでも談話をもとにして、新聞記者が執筆したものだ。

そのため、記者は執筆にあたって他の参考文献も利用しているし、話をおもしろくするための細工もほどこしている。彦五郎の名を永倉に置き換えたことも、そんな執筆方針のなかでなされたものではなかったか。

永倉を主人公とする記事の性格上、ある程度の脚色はやむをえないのかもしれないが、エピソードの意図的な改変には、やはり問題があるといわざるをえないだろう。

一一 原田左之助が遣った槍の流派は何だったのか

試衛館の食客の一人、原田左之助は、天保十一年（一八四〇）に伊予《いよ》松山藩の中間《ちゅうげん》、原田長次《ちょうじ》の子として生まれた。

中間という身分は、広い意味でいえば武士であったが、狭い意味では武士の従者にすぎないという微妙なものだった。いずれにしても、きわめて低い身分であったことは間違いない。

原田も、安政三、四年ごろ、江戸の松山藩中屋敷で小使《こづかい》（従者）として働いていたことがあり、そのころのようすを同藩士内藤素行《そこう》が語り残している。

「私はそのころ九つか十でありましたが、向こうは十五、六歳くらいでもありましたろうか、一人の若い小使がときどき参りました。これが原田左之助であります。なかなか怜悧《れいり》な男で、かつ容貌万端《ばんたん》、子供心にも美男であったと認めております」

このころ原田は正確には十七、八歳になっていたが、とても頭がよく、美男であったという。ただし、その一方で、気性が荒く、反骨心が異常に強い性格であったことが伝えられる。

二、三年後に国元の伊予へ帰った原田は、あるとき、ある武士と口喧嘩になった。そして、「腹切る作法《さほう》も知らぬ下司下郎《げすげろう》」とののしられたことで興奮は頂点に達した。

まっとうな武士の家では、男子はみな幼少のころから切腹の作法を仕込まれているものだ。しかし、原田のような中間の家ではどうであったか。あるいは武士某のにらんだとおり、正式の作法など伝授されていなかったかもしれない。

これがプライドの高い原田には最大の侮辱に感じられた。それで、勢いにまかせて刀を抜き、自分の腹を左から右にかけて一文字に切り裂いた。

幸いに傷は浅く、命は助かったが、相手の武士は驚いて逃げ出してしまった。原田は血だらけになりながら、

「俺のはらわたを食らわしてやるんだ」

と勝ち誇ったようにわめいていたという。

それ以来、腹には一文字の傷痕が残ったので、原田はよくこれを人に見せて、

「てめえたちのような蚤《のみ》にも食われねえようなのとア違うんだ。俺の腹ア金物の味を知ってるんだぜ」

と自慢した。

これが原田の二十歳ごろ、安政六年（一八五九）ごろの話だ。その後、数年間の原田の足取りはわかっていない。遅くとも文久二年（一八六二）の暮れまでには江戸に下り、

市ヶ谷の試衛館に出入りするようになるのだが、その間、原田はどこで何をしていたのか。

手掛かりになるのはただ一つ、永倉新八の記録に次のようにあることだ。

「鎗術《そうじゅつ》種田宝蔵院《ほうぞういん》谷三十郎《さんじゅうろう》門人　免許　新撰組副長助勤《じょきん》原田左之助」

谷三十郎はのちの新選組隊士で、隊の槍術師範をつとめた人物だった。原田は、この谷から種田宝蔵院流の槍を習い、免許皆伝を受けたのだという。

谷の道場は、そのころ大坂南堀江《みなみほりえ》にあったことがわかっている。ということは、原田は伊予を捨てて大坂に出、谷に入門して槍の修行を積んだのだろう。

故郷を捨てた理由ははっきりしないが、低い身分に嫌気《いやけ》がさしたことが大きかったと思われる。伊予で上級武士に馬鹿にされながら小さくなって生きるよりも、広い世の中に出て、自分の実力をためしてみたい。

激しい性格の原田がそう考えたとしても無理はなかっただろう。

槍の修行も、ついやした期間は二、三年でしかなかったはずだ。その間に免許皆伝、もしくはそれに近い実力を身につけたということになるから、よほど熱心に修行に励んだのに違いない。

その後、江戸で試衛館に出入りするようになった原田は、やがて、新選組屈指《くっし》の槍の達人として歴史に名を残すことになる。

ところで、原田の槍の流派は、「種田宝蔵院流」であると前述した。永倉新八の記録に、そう明記してあるからだ。

しかし、実はそのような名称の流派は存在しない。「種田流」も「宝蔵院流」ももちろん存在するが、それらを合体させたかのような「種田宝蔵院流」という流派はどこにもないのだ。

もっとも原田の師匠の谷三十郎は、正しくは種田流の遣い手であることがわかっている。ならば、原田の槍も種田流であって当然なのに、なぜか種田宝蔵院流を名乗っている。

あるいは、これは原田が勝手に名乗っただけのものではなかったか。

種田流というのは名門ではあるが、印象がどうしても地味に感じられる。その点、宝蔵院流のほうは、歴代の徳川将軍を前にした御前試合でたびたび面目《めんもく》をほどこしている超名門の流派だった。

それで、対外的なアピールの度合いを考慮し、自分の学んだ種田流の名に宝蔵院流をプラスして、種田宝蔵院流などと名乗っていたのではないだろうか。

たった一人の江戸で、自分の実力だけを頼りに生きていこうと決めた原田にとって、こうした経歴詐称《さしょう》も時には必要だったのかもしれない。

一二　藤堂平助は誰に北辰一刀流を学んだのか

試衛館の食客のうち、大名の御落胤《ごらくいん》という異色の出自《しゅつじ》をもっていたのが藤堂平助だった。

事実かどうかはわからないが、伊勢の津《つ》藩三十二万石の藩主藤堂和泉守高猷《いずみのかみたかゆき》が妾に生ませた子であるといい、永倉新八なども、

「御府内浪士　藤堂平助　藤堂和泉守落胤」

と記録している。

もっとも、これだけならば、藤堂が自分でいった冗談を永倉が真に受けて記録したとも考えられるが、うわさは身内以外の者にも広まっていた。

藤堂が新選組で活躍していたころ、ある薩摩《さつま》藩士が書いた記録に、このようにある。

「藤堂和泉守の浪人にて、壬生《みぶ》組に入り候よし。実は和泉守妾腹の末子《ばっし》とやらの噂の者にござ候よし。いたって美男士のよしござ候」

外部の人間である薩摩藩士の証言があるのだから、少なくとも当時そういったうわさが広くささやかれていたことは間違いない。しかも、「美男」であったというのだから、

それが高貴な御落胤のうわさに拍車をかけることになったのだろう。

生まれたのは弘化元年（一八四四）。沖田総司より二歳も若いことになる。

もっとも、ここで一言ふれておきたいのだが、昔の人の場合、「何年の生まれである」と明記した記録が残っていることはあまりない。藤堂もまた例にもれず、生年《せいねん》をはっきりと記したものは実際にはないのだ。

ではどうやって生年を知るのか。

それには、ある年に何歳であったという断片的な記録から逆算するしかないのである。たとえば藤堂の場合、文久三年（一八六三）に二十歳という記録が残っている。また慶応三年（一八六七）には二十四歳との記録もある。これらから逆算することによって、生年は弘化元年（一八四四）と判明するのだ。

前述したように当時は数え年であったから、弘化元年の時点では〇歳でなく、すでに一歳であるという点は注意しなければならないが、逆算にあたって誕生日を考慮する必要がないのはわかりやすくていい。

日本史上の人物の多くは、この方法で生年を割り出しているのである。

さて、肝心の藤堂だが、誕生して以降のことが実はほとんどわかっていない。原田左之助と同様、文久二年（一八六二）の暮れまでには市ヶ谷の試衛館に出入りするようになるのだが、それ以前、どこで何をしていたのか。

唯一の手掛かりとして、やはり永倉新八の書き残した記録に頼らざるをえない。

「剣術千葉周作門人　目録　新撰組副長助勤　藤堂平助」

ここには、藤堂は名門の北辰一刀流剣術を千葉周作に学んだとある。千葉道場の玄武館は神田お玉が池にあり、そこに藤堂も修行に通ったということになる。

しかし、肝心の千葉周作は、安政二年（一八五五）に六十三歳で死亡しており、藤堂はその時点ではまだ十二歳でしかなかった。これでは、あまりに幼すぎ、周作から直接指導を受けることはできなかっただろう。

ならば、藤堂は誰から剣を学んだのだろうか。周作の息子の栄次郎《えいじろう》や道三郎《みちさぶろう》なのか。

それについては、新選組隊士であった加納鷲雄《かのうわしお》が、維新後に『史談会速記録』のなかでこう語っている。

「藤堂平助は伊東の寄り弟子なれば——」

伊東甲子太郎《かしたろう》は、江戸深川佐賀町《ふかがわさがまち》で北辰一刀流の道場を開く剣客で、のちに新選組に入隊する人物だ。加納の談話によれば、藤堂は、その伊東の「寄り弟子」であったという。

この「寄り弟子」というのは、『広辞苑』（岩波書店）にも出ていない珍しい言葉だが、『日本国語大辞典』（小学館）には収録されており、このように記されている。

よりーでし【寄弟子】《名》他の寺院または遊芸《ゆうげい》の師匠から、委託《いたく》された弟子。

遊芸と武芸の違いはあるが、ここでは同様の意味にとってもさしつかえないだろう。つまり、藤堂は本来の師匠がほかにいたが、その師匠から伊東甲子太郎に身柄を預けられていたということになる。

もちろん、本来の師匠とはお玉が池の千葉宗家をさしていることはいうまでもない。そこから委託されるかたちで、藤堂は伊東の道場に通うようになったのだろう。

藤堂に北辰一刀流を教えた師匠は、のちの新選組隊士伊東甲子太郎だったのである。

その後、藤堂がどういった経緯で近藤勇の試衛館に出入りするようになったのかはわからない。

前掲の永倉新八の記録によれば、藤堂の北辰一刀流における実力は「目録」とある。免許皆伝の一歩手前ということだ。

つまり北辰一刀流を完全に修める以前に、他流派の門をたたいているわけで、そのあたりの事情は判然としない。

おそらくは、藤堂も永倉と同様、近藤の人間性に魅せられたということなのだろう。山南にしても、原田にしてもそうだが、若い剣客たちの心をとらえる何かが当時の近藤にはあった。

そうして近藤のもとに結集した逸材たちのエネルギーが、やがて新選組結成への原動力となっていくのである。

一三 斎藤一は本当に試衛館の食客だったのか

もう一人、試衛館に集った若者のなかに、謎の剣士と呼ばれる斎藤一がいた。

この斎藤の生涯には不明な部分が多く、人物像そのものが謎につつまれているといっていい。そうしたミステリアスな個性がかえって人々の興味をひき、現在では新選組隊士のなかでも屈指の人気者となっている。

永倉新八の『同志連名記』によれば、斎藤は、「播州明石浪士《ばんしゅうあかし》」であったという。播磨国《はりま》（現在の兵庫県《ひょうご》）の明石藩八万石を脱藩した浪士ということだ。

新選組参加以前の斎藤については、長い間、これくらいしかわかっていなかったのだが、研究家の赤間倭子《しずこ》氏が、昭和四十年代後半に斎藤の子孫である藤田家に取材し、斎藤に関する情報が公開されることになった。とくに、斎藤の長男の勉《つとむ》の語り残しを記録した「藤田家文書」の存在は貴重なものだった。

これらの記録によれば、斎藤一は幕臣山口祐助《ゆうすけ》の次男として、弘化元年（一八四四）一月二日に江戸で生まれた。一月一日であったという説もあり、そのためかどうか、名前は「一」とつけられた。母の名はますといい、兄の広明《ひろあき》、姉の勝《かつ》という二人の兄弟があった。

父の祐助は幕臣といっても、もとは播州明石藩の足軽《あしがる》だった。それが、若いころに故郷を捨てて江戸に出て、やがて御家人株《ごけにんかぶ》を買って幕臣になったという。

御家人株を買うというのはどういうことかというと、生活に困った御家人から、幕臣の身分を金銭と引き換えに譲り受けるというものだった。そのためには数百両という大金を要したから、足軽出身の祐助がどうやって工面《くめん》したのか疑問がないではないが、ここはひとまず「藤田家文書」の記述にしたがっておくしかないだろう。

はれて幕臣の身分を手に入れたとはいえ、父の出自が明石藩士であったことは斎藤も当然知っていたはずで、斎藤がみずからを明石脱藩と称したりしたのは、そうした事情によるものだった。

実際には江戸で生まれ育った斎藤は、少年および青年期を剣術の修行についやしたようだ。学んだ流派は無外流《むがいりゅう》と伝わっている。もともと剣才に恵まれていたらしく、十代のうちに流儀をほぼきわめることになった。

そして、いつのころかわからないが、近藤勇の試衛館にも出入りするようになったという。ただし、斎藤は、のちに近藤らとともに上洛しなかったことから、試衛館との交流は浅いものだったとみる向きもある。

しかし、永倉新八の『浪士文久報国記事』には、当時試衛館で修行していた顔ぶれが次のように記されている。

「近藤勇始め山南敬助、土方歳三、沖田総司、永倉新八、佐藤彦五郎、大月銀蔵《おおつきぎんぞう》、斎藤一、藤堂平助、井上源三郎、佐藤房二郎《ふさじろう》、中邨太吉《なかむらたきち》、沖田林太郎――」

ここには斎藤の名が明記されている。永倉の認識では、斎藤は確かに試衛館の一員だったのだ。あるいは、山南や永倉らとは異なり、食客として起居していたわけではなかったのかもしれないが、試衛館にいたことには違いないだろう。

では、それがなぜ、上洛の時点では別行動をとるようになっていたのか。

そのあたりのことも、「藤田家文書」にははっきりと記されている。

「山口一は十九歳の時、小石川関口《せきぐち》に於て旗本の士を殺し、父祐助の相年《そうねん》世話をせし吉田某が京都に於て剣道場を開き居りし所に添書《そえがき》を持て至り、同家に寄寓《きぐう》す」

十九歳のときというと、文久二年（一八六二）のことになる。なんと斎藤は旗本を一人斬り殺してしまったのだという。原因は何かわからないが、人殺しは大罪だ。

犯罪者となった斎藤は、幕府の役人の追及から逃れるため、単身江戸を脱出して逃亡をはかる。幸い、父の知人の吉田某が京都で剣術道場を開いていたので、それを頼っていくことにした。

事情が事情であったため、江戸を立つにあたり、近藤ら試衛館の者たちに別れを告げる余裕はなかっただろう。近藤らにしてみれば、斎藤は突然道場に姿をみせなくなった妙な男としか思えなかったかもしれない。

だから、まさかこの翌年、京都で近藤らと偶然にも再会することになろうとは、斎藤も夢にも思わなかったに違いない。

一四　試衛館一門の浪士組参加への決意は

文久三年（一八六三）の年が明けた。試衛館の者たちの運命を変えることになる、激動の年が始まったのだ。

ある日、永倉新八が道場にやってきて、近藤勇以下の同志を集めてこういった。

「おのおのがた、われらほのかに聞くに、このたび公儀において広く天下の志士を募《つの》り、攘夷の手段を尽くすとのことである。もし事実であるなら、進んでわれらも一味となり、日ごろの鬱憤《うっぷん》をはらそうではござらぬか」

十年前にペリー率いるアメリカ艦隊が来航して以来、日本中に攘夷、つまり外国を排除する思想が流行した。とくに若者の間にその傾向が強く、試衛館の者たちも例にもれず、みな攘夷論者となっていた。

永倉のもってきた情報は、その攘夷を実現するために幕府が浪士を広く募集して、浪士組を組織するというものだった。

幕府に雇われて攘夷のために働くことができる。この願ってもない話に、一同は一も二もなく賛成した。そして、浪士取扱をつとめる幕臣松平上総介《かずさのすけ》のもとを訪ね、くわしい話を聞こうということになった。

後日、牛込二合半坂《にごうはんざか》の屋敷に近藤ら八人の訪問を受けた松平上総介は、

「このたび公儀で募る浪士の一隊は、近く上洛する将軍家茂《いえもち》公の警護として京都へ進められるものである」

と浪士組の目的を語った。

十四代将軍の徳川家茂が上洛するというのは、朝廷から迫られている攘夷の実行について、将軍が直接京都に出向いて回答するためのものだった。将軍が上洛するのは、なんと二百三十年ぶりのことであり、この時期、朝廷の権力はそれほどまでに強くなっていた。

当時流行していた攘夷論は、天皇を何よりも尊《たっと》ぶという尊王論《そんのう》と結びつき、「尊王攘夷論」として勢いを増していた。この尊王攘夷論を唱える諸藩の志士が、ぞくぞくと京都に集まって朝廷を持ち上げ、幕府の政治を批判するようになっていたのだ。

そんな尊攘派に牛耳《ぎゅうじ》られた感のある京都に、将軍を送り出すことは危険きわまりない。そこで幕閣《ばっかく》は、将軍の身辺を護衛する別働隊として、幕臣以外の者も登用して武力を充実させようとしたのである。

この浪士組に採用された者に支払われる手当《てあて》は、一人あたり十両二人扶持《りょう》ということだった。一両は現在の貨幣価値でいうと、おおよそで五万円ほどにあたるので、十両な

らば五十万円となる。また二人扶持というのは、人間二人分の食料として一日につき米一升《しょう》が与えられるものだ。

つまり一時金として十両が支払われるほか、京都での雇用期間が終了するまでの間、一日につき米一升が支給されることになる。

しかも、江戸に戻ったあとに、正式に幕臣に取り立てられる可能性もあるという。これは、かなりの好条件であった。

とくに、武士になることを夢みていた近藤らにとっては、たまらなく魅力的な話といえた。近藤は躍《おど》る気持ちを抑えきれず、上総介に向かい、

「即座に一味にあい加わり、忠勤を抜きんずるでござろう」

と誓うのだった。

一同の顔ぶれは近藤勇以下、土方歳三、沖田総司、井上源三郎、山南敬助、永倉新八、原田左之助、藤堂平助の八人。

道場に戻った近藤は、ほかの門人のなかからも自分と行動をともにする者を募り、その結果、沖田林太郎、馬場兵助《ひょうすけ》、中村太吉郎《たきちろう》、佐藤房次郎の四人が新たに加わることになった。沖田林太郎は、いうまでもなく総司の義兄だ。

俗に、近藤は上洛するにあたって試衛館を閉館したというが、そのようなことはなかった。当初は将軍家茂の滞京期間が終わりしだい、浪士組も江戸に帰ることになってい

たのだから、道場をたたむ必要はないのだ。

現に近藤は、留守中の試衛館の管理は寺尾安次郎《やすじろう》という門人にまかせており、多摩方面の門人については日野の佐藤彦五郎に指導を依頼していた。近藤の心積もりでは、本当に短期間の在京のはずであったのだろう。

とはいうものの、上洛して無事に帰れるという保証はない。近藤には愛妻つねと、前年に生まれたばかりのたまという女の子があったが、これとも二度と会うことができないかもしれない。そう覚悟を決めて、近藤は上洛の途についたのだった。

その点、土方歳三は独り身の気楽さで、悲壮な別れのようなものはなかった。ただ、何か残していかなければと思ったのか、それまでに詠んだ俳句を一冊にまとめ、

「文久三　亥《い》ノ春　豊玉発句集　土方義豊」

として実家に置いていった。形見《かたみ》の品のつもりであったのかもしれない。

山南敬助は、上洛にかける意気込みを得意の漢詩にたくした。

＊牢落天涯《ろうらくてんがい》　志《こころざし》むなしからず
尽忠《じんちゅう》ただ一刀のなかにあり
何《いずくん》ぞ辞せん万里《ばんり》艱難《かんなん》の道
早く向かわん皇州《こうしゅう》よく功を奏す

＊牢落＝寂しいさま。心が広く、人に優れているさま。

⬆近藤・土方らが浪士組募集に応じて集まった小石川・伝通院(東京都文京区)。

山南の教養と決意のほどがうかがえる、みごとな七言絶句である。
永倉新八もまた、一首の和歌を詠んだ。

武士《もののふ》の　節《せつ》を尽くしてあくまでも
　貫く竹の心一筋

これも、一本筋の通った永倉らしい歌だった。
まだ見ぬ京都に何があるのか。試衛館の男たちは、大いなる夢と決意を胸に秘め、時代の風雲のなかに飛び出していくのだった。

第二章　新選組結成

一五　尊攘派の芹沢鴨がなぜ浪士組に参加したのか

文久《ぶんきゅう》三年（一八六三）二月四日、五日の両日、小石川伝通院《こいしかわでんづういん》の大信寮《だいしんりょう》に浪士組参加希望者が集められた。上洛《じょうらく》のさいの隊伍《たいご》を編成したり、諸注意を申し伝えたりするためだ。集まった浪士の数は二百三十余人。あまりに多くなりすぎたので、手当《てあて》の予算をオーバーしてしまい、浪士取扱の松平上総介《かずさのすけ》が責任をとって辞任するという一幕もあった。以後は、もう一人の浪士取扱である鵜殿鳩翁《うどのきゅうおう》が浪士組を仕切ることになる。

浪士たちは、年齢も出身もまちまちで、農民、町人、なかには博徒《ばくと》のような者までまじっている雑多な集団だった。それらが思い思いのいで立ちで群れているさまは、壮観というほかなかった。

そんななかで、ひときわ目立っていたのが、鹿皮《しかがわ》の割羽織《わりばおり》を着て気勢をあげている水戸《みと》浪士の一団だった。中心人物は芹沢鴨《せりざわかも》といい、新見錦《にいみにしき》、平山五郎、平間重助《ひらまじゅうすけ》、野口健司《けんじ》といった仲間を連れて参加していた。

浪士組総員は、上洛に向けて一番から七番までの七組に編成され、それぞれがさらに三つの小組に分けられていた。試衛館一門は、近藤勇《いさみ》だけは道中先番宿割《どうちゅうさきばんやどわり》という役目を与えられて本部のほうに組み込まれ、あとの者は三番組の所属となった。

この三番組で、彼らは芹沢ら水戸浪士のグループと一緒になった。ただし、小頭《こがしら》は芹沢と新見で、試衛館の者はみな平隊士として扱われた。

沖田総司《そうじ》の義兄林太郎《りんたろう》の手記『沖田林太郎留書《とめがき》』によれば、芹沢組と新見組の顔ぶれは次のようだった。

三番　芹沢鴨組
山南敬助《やまなみけいすけ》　沖田総司　土方歳三《ひじかたとしぞう》　永倉新八《ながくら》　藤堂平助《へいすけ》　平山五郎　原田左之助《さのすけ》
野口健司　平間重助
三番　新見錦組
小林助松《すけまつ》　加藤善二郎《ぜんじろう》　小山喜一郎《きいちろう》　井上源三郎《げんざぶろう》　佐藤房次郎《ふさじろう》　中村太吉郎《たきちろう》
馬場兵助《へいすけ》　沖田林太郎　本田新八郎

一般に、山南以下の九人は三番組でなく、六番組の所属だったとされているが、それは上洛途中の二月十七日に編成替えがあり、芹沢組がまるごと六番組の石坂宗順《そうじゅん》組と入れ替えになったためだった。京都に着いたときには三番組と六番組に分かれていた試衛館一門も、最初は同じ三番組に属していたのである。

二月八日の午前九時、浪士組は伝通院を出発した。一行は、このあと十五日間かけて中山道《なかせんどう》を京都に向かうことになる。

ところが、早くも三日目の本庄宿《ほんじょう》で事件が起こった。三番組小頭芹沢鴨の宿が、手違いのために用意されていなかったのだ。道中先番宿割をつとめる近藤のミスであったのかもしれない。

烈火《れっか》のごとく怒った芹沢は、野宿をするといい、「大かがり火をたくから驚くな」と宿場中にふれまわった。そして、まもなく薪《まき》の山につけられた火が大きく燃え上がり、夜の空を明々と照らし出した。

これには近藤も驚き、同役の池田徳太郎《とくたろう》とともに現場に駆けつけ、芹沢に謝罪した。「芹沢先生、まことにわれら両人の不徳でお宿のもれたる段、ひらにおわび申す。すぐさましかるべきところへご案内申すによって、かがり火だけはお取り消しに願いたい」

しかし、芹沢が平然としていると、そこへ宿場の役人もやってきて、「なんの理由あって大かがり火などをたくか、早々に取り消せ」とどなった。これが芹沢の勘気《かんき》にふれ、三百匁《もんめ》（約一キロ）もある鉄扇を振り上げて、役人を殴り飛ばした。その場に役人は気絶してしまう。

そうこうしているうちに、近藤らが宿の手配をすませたので、ようやく芹沢はかがり火をやめ、案内されて宿所に向かった。

ところが、そこにかかっていた「三番組」という表札がまた芹沢には気に入らなかった。すぐに表札の板を削って、「一番組」と書き直してから宿所に入ったという。

そして、取締役の山岡鉄太郎《てつたろう》らに向かって、

「不肖《ふしょう》ながら芹沢は公儀御役《こうぎおやく》に仕《つか》えるについては決して人後《じんご》に落ちず、必ず一番がかりを覚悟してござる。拙者《せっしゃ》をなにとぞ一番組の組頭にして頂戴したい」

といってきかなかった。なんともわがままで傍若無人《ぼうじゃくぶじん》な芹沢だった。

結局、取締役側では、この問題児を放っておくわけにいかず、後日、小頭から取締役付という立場に異動させた。一見、格上げのようにみえるが、実は、取締役の目の届くところに芹沢を置いておこうとしたものだろう。

この芹沢は、天保《てんぽう》元年（一八三〇）、水戸藩郷士《ごうし》の子として常陸《ひたち》国（現在の茨城《いばらき》県）芹沢村に生まれた。生年には、ほかに文政《ぶんせい》十年（一八二七）説や、天保三年（一八三二）説があり、確定的ではない。

幕末の水戸藩では、尊王攘夷《そんのうじょうい》派のことを「天狗《てんぐ》派」と呼んでおり、芹沢はその一員であった。これを「天狗党」とすることも多いが、「天狗党」というのは、「天狗派」が元治《げんじ》元年（一八六四）に挙兵して以降の呼称なのだ。したがって、芹沢が「天狗党」にいたという表現は誤りということになる。

天狗派時代に名乗った名は、下村継次《しもむらつぐじ》といった。神道無念流《しんとうむねんりゅう》を戸ケ崎熊太郎《とがさきくまたろう》に学び、

免許皆伝《かいでん》の腕前だったが、あるとき、常陸の板子《いたご》宿で同志の者三人を斬殺《ざんさつ》する事件を起こしてしまった。

江戸の龍《たつ》の口評定所《くちひょうじょうしょ》に送られた芹沢は、人命をあやめた罪は重いとして死刑を宣告される。すると入牢《じゅろう》した芹沢は、みずから絶食して果てようとし、さし入れられる握り飯には見向きもしなかった。

そして、右の小指をかみ切り、吹き出す血で、

雪霜《しも》に色よく花の魁《さきが》けて
散りても後《のち》に匂《にほ》ふ梅が香《か》

と、ちり紙に辞世《じせい》の和歌を書きつけた。それを牢格子《ろうごうし》の前に張って、座禅《ざぜん》を組み、死期を待ったと伝えられる。

このころから、行動に尋常ではないところのあった芹沢だった。

幸いその後、幕府が犯罪者の罪を許す大赦《たいしゃ》を実行したため、芹沢も恩恵にあずかって出牢《しゅつろう》することができた。命びろいした芹沢は、ちょうどそのころ幕府が浪士を募集するという話を耳にして、いったん水戸に帰り、あらためて新見錦らの同志とともに江戸へ出て浪士組に参加する。

芹沢鴨と名を変えたのも、このときのことと思われる。

ところで、水戸にいるころは熱烈な尊攘派として活動していた芹沢が、なぜ徳川幕府の募集した浪士組に参加したのだろうか。尊攘派とは、天皇を何よりも尊ぶのだから、幕府とは対抗するものではなかったのか。

その理由は、水戸藩の尊攘思想が、西国諸藩のそれとはやや違っていたことにあった。もとより水戸藩は幕府の御三家の一つであり、幕府の一族ともいうべき存在だった。だから水戸流の尊攘思想は、確かに天皇を尊びはするが、決して幕府をないがしろにするといったものではなかった。天皇と幕府、双方ともに重んじる思想だったのだ。

したがって、幕府の召募《しょうぼ》に芹沢が応じたのも、不自然なことではなかったのである。

一六　京都残留を最初に主張したのは誰だったのか

文久三年（一八六三）二月二十三日、ついに浪士組は京都に着いた。

一行の宿所は、洛西壬生村《らくせいみぶ》の民家や寺と定められ、十軒ほどに分宿することになった。六番組の土方歳三ら十人に割り当てられたのは八木源之丞《やぎげんのじょう》方で、道中先番宿割の役目を終えた近藤勇も合流していた。

芹沢鴨は、取締役付として本部の新徳寺《しんとくじ》に入ることになっていたが、同志の平山五郎らのいる八木邸に勝手に上がり込んでいた。また三番組の新見錦、井上源三郎らは、中村小藤太《ことうた》方に割り当てられていた。

宿所となったのは、ほかに南部亀次郎《なんぶかめじろう》方、四出井《しでい》友太郎方、浜崎新三郎《しんざぶろう》方、柳恕軒方などで、これらはみな壬生の坊城《ぼうじょう》通りと綾小路《あやのこうじ》通りが交わった付近にある民家だった。

それぞれの宿所に草鞋《わらじ》を脱いだ浪士たちだったが、旅の疲れをいやす間もなく、入京当日の夜に問題は起こった。浪士組を裏であやつっていた出羽庄内《でわしょうない》浪士清河《きよかわ》八郎が、浪士中の主だった者を本部の新徳寺に集合させ、突然こう宣言したのだ。

「われわれは、このたび幕府の世話によって上京したが、禄位などは受けておらず、ただただ尊攘の大義をこころざすものである。万一、朝廷の命令をさまたげ、私意をくわだてる者があるときは、たとえ有司《ゆうし》の方であっても、いささかも容赦なく譴責《けんせき》する」

つまり、幕府の募集に応じて上洛はしたが、本当の目的は尊王攘夷の実行にある。今後は幕府の命令ではなく、朝廷の支配下に入って働こうというのだ。

そもそも、今回、浪士組を組織しようと幕府に働きかけたのは当の清河八郎だった。前年に浪士募集の計画を幕閣《ばっかく》に建言《けんげん》し、それが認められて実現にいたったものである。

その清河が、京都に着いたとたん、手のひらを返したように幕府に敵対した。実は清河は、幕府を動かして浪士を集め、それを尊王攘夷のために利用しようとしていたのだった。

もともと清河は尊攘の志士として知られていた。考えてみれば、そんな人物が幕府に対して有益《ゆうえき》な献策をするはずがないのだから、清河に乗せられた幕閣の判断は甘すぎたといわざるをえないだろう。

さて、この事態に接して、試衛館一門はどうしたか。

実は、清河が新徳寺で演説をしたとき、試衛館一門がその場にいたのかどうかはわかっていない。呼び出されたのは浪士のなかの主だった者というのだから、役職についていた近藤はかろうじて資格があっただろうが、そのほかの者は出席していなかった可能性が高いのだ。

＊有司＝役人。

だから、この翌日に朝廷に提出された建白書《けんぱくしょ》に浪士総員の署名があったと伝わるのも、本当かどうかわからない。『史談会速記録』に収録された建白書の写しには、朝廷への使者となった西恭助《にしきょうすけ》ら六人こそ署名があるが、そのほかの者については「外《ほか》二百二十九名」とされているのみだ。

おそらくは、浪士総員に署名をさせたという事実はなく、主だった者の同意を得ただけで建白書は提出されたのだろう。

この建白書は無事に朝廷に受理され、二十八日には関白近衛忠煕《かんぱくこのえただひろ》から、「天皇のお褒《ほ》めは一とおりでない」という達しが下された。清河の声が天皇に届いたのだ。

感激した清河は、二十九日、ふたたび浪士組の有志を新徳寺に集合させ、今後の行動について語った。それは、前年に起きた生麦《なまむぎ》事件の関係でイギリスとの戦争がいつ始まるかもしれないので、攘夷の備えとして、われわれを江戸へ帰してほしいと朝廷に願い出るというものだった。

江戸で攘夷を実行せよという朝廷からのお墨付きを得ることができれば、浪士組を私兵として意のままに動かすことができる。清河はそう考えていたのだろう。

この嘆願は、翌三十日に建白書として朝廷に提出され、三月三日、ついに朝廷から浪士組の江戸帰還命令が下された。ここまでは清河の思いどおりにすべてが運んでいた。

しかし、清河の強引なやり口に従う者ばかりではなかった。同日、新徳寺で浪士組全員に江戸帰還が発表されると、近藤勇ら試衛館一門が猛然と反対したのだ。

「われらは幕府の召しに応じて集まったものである。たとえ関白よりいかなる命令があったにせよ、将軍家よりのご沙汰《さた》がなければ、京の地は一歩も離れることはできない。ことごとに貴下の指図どおりにはあいならぬ」

近藤はきっぱりとそういった。これを聞いた清河とその配下の者たちは激怒し、刀の柄《つか》に手をかけて威嚇《いかく》する。近藤側の者もみな立ち上がり、双方一触即発の状態となった。

結局、まあまあとなだめる仲裁者が出て、その場はなんとかおさまったが、近藤らは浪士組から脱退することになった。こうして京都に残留した者たちが、のちに新選組を結成するのである。

ただし、近藤が新徳寺で残留宣言をするにあたっては、次のような経過があったともいう。永倉新八の『新撰組顚末記《てんまつき》』によれば、残留を最初に主張したのは、近藤らと同宿の芹沢鴨であったというのだ。

芹沢は、二月二十九日の集会で清河が発表した浪士組の江戸帰還構想に不満だった。それで、八木源之丞方で同宿していた近藤らと、中村小藤太方に宿泊していた新見錦らを集め、一同を前にしてこういった。

「おのおの、清河がこのたび江戸へ帰ると申すが、われら京の花を見にはまいり申さぬ。尽忠報国攘夷《じんちゅうほうこくじょうい》の目的を貫徹せぬに、このまま東下するとはいかんのこと。拙者これには不同意でござる」

この意見に対して近藤らも、「もちろん江戸へ帰ることは不承知でござる」と賛成した。そして、清河の宿所を訪ね、その考えを確かめようということになった。

芹沢、近藤らの来訪を受けた清河は、

「お聞きおよびもござろうが、このたび例の生麦事件で、英国は強硬な談判を始め、しだいによっては軍艦を差し向けるとまで脅迫いたしている。われらもとより夷狄《いてき》を払う急先鋒にと存ずるにより、まず横浜にまいって鎖国《さこく》の実をあげ、攘夷の先駆《さきがけ》をいたさん所存でござる」

と語った。これを聞いた芹沢は、もってのほかという顔をしていいはなった。

「これは清河氏のお言葉とも存ぜぬ。われらうけたまわるに、いまだ天朝よりご沙汰なきのみか、将軍家にも東下がない。先駆とは申せ、そのうえにても決して遅くはござるまい。それともしいて江戸へ立たれるにおいては、われら同志十三名だけは京に残り申す」

朝廷からの沙汰はこのあと三月三日に下されることになるが、将軍家茂《いえもち》のほうは東下どころか、京都入りするのが三月四日のことだった。浪士組は当初の目的をまったく果たさずに江戸に帰ることになる。

双方の言い分をくらべれば、芹沢のほうに分があるのは明らかだった。言葉に詰まった清河は、「お勝手にめされい」といって席を立った。この時点で、芹沢、近藤ら十三人は、清河と事実上の決別をしていたのだ。

三月三日に新徳寺で近藤が残留宣言をするまでには、こうした経過があったという。この『新撰組顚末記』の記述にしたがえば、最初に京都残留を言い出したのは、実は近藤ではなく、芹沢であったということになるのである。

一七　京都に残留した浪士の人数に諸説があるのはなぜか

京都残留を決めた近藤勇らは、その後どうしたか。京都に残るといっても、生活のあてがなくてはどうにもならない。

そこで彼らは、浪士取扱の鵜殿鳩翁に相談をもちかけた。鵜殿にしても、清河には煮え湯を飲まされたわけだから、残留浪士の心情は理解してくれるはずだ。

相談を受けた鵜殿は、案の定、彼らの主張に理解を示した。そして、「そのしだいは拙者から会津《あいづ》侯へ伝達するであろう」と語ったのだった。

会津侯というのは、会津藩二十三万石の藩主松平容保《かたもり》のことで、前年に新設された京都守護職に任じられていた。近藤らは、この松平容保を頼ることになり、三月十日、せめて将軍家茂が京都に滞在している間だけでも護衛の任務につかせてほしいとの嘆願書を提出した。

嘆願書の末尾に名を連ねたのは、記載順に次の十七人だった。残留浪士は十三人だったはずだが、わずかの間に四人増えている。

芹沢鴨　近藤勇　新見錦　粕谷新五郎《かすやしんごろう》　平山五郎　山南敬助　沖田総司　野口健司
土方歳三　原田左之助　平間重助　藤堂平助　井上源三郎　永倉新八　斎藤一
佐伯又三郎《さえきまたさぶろう》　阿比留鋭三郎《あびるえいざぶろう》

ここで注目されるのは、一同のなかに斎藤一の名があることだ。前述したように、斎藤は人を殺してしまったため、京都に逃げてきていた。京都では、吉田某という剣客《けんかく》の道場に身を寄せ、師範代《しはんだい》をつとめて暮らしていたという。

つまり浪士組とはまったく関係がなかったのだが、上洛浪士のなかに旧知の近藤らがいることを知り、接触をはかったものと思われる。むろん、思いがけない再会に、近藤らも喜んで迎え入れたことだろう。

永倉新八の『浪士文久報国記事』には、中心となった十三人に斎藤を加えた十四人が京都残留者とされており、本来ならば斎藤も上洛メンバーだったはずという意識がうかがえる。以後、斎藤は隠遁《いんとん》生活に別れを告げ、残留浪士の一員として活動することになる。

あとの三人の新顔のうち、粕谷新五郎は浪士組の取締役付をつとめていた人物で、阿比留鋭三郎は三番常見《つねみ》一郎組に所属していた。

彼らは、芹沢、近藤らに同調して残留を決めた浪士であったのだろうが、もう一人の新人の佐伯又三郎の名は上洛浪士のなかには見られない。ということは、斎藤と同様、浪士組が京都に着いてからの短期間のうちに、行動をともにするようになった者ということだ。

斎藤には、残留浪士に加わる下地があったが、佐伯にもそれがあったのだろうか。佐伯の出身は長州とも江戸とも伝わるが、あるいは、斎藤の場合のように残留浪士のなかに顔見知りがいたのかもしれない。加盟後の佐伯は、おもに芹沢の配下として行動するようになる。

彼ら十七人が連名で提出した嘆願書は、会津藩にとっても渡りに船というべきものだった。当時の京都市中では、尊攘派の浪士たちによる「天誅《てんちゅう》」と称する暗殺行為が流行しており、治安は大いに乱れていた。これを鎮圧するためには、徹底的な武力の行使しか方法はないと、容保はすでに決意を固めていたのだ。

こうして、二日後の三月十二日深夜、十七人は「会津藩お預かり」となることが決定した。お預かりという立場は、いわば臨時雇用であるから、藩士に取り立てられたわけではない。それでも、藩に雇われているかぎり、身分は武士といってさしつかえなかった。

近藤と土方の念願だった武士になる夢が、ここに実現したのだ。動乱の時代が生んだ奇跡であったかもしれない。

翌十三日、残留者以外の浪士組は、京都を発って江戸に向かった。このなかには、沖田林太郎、馬場兵助、中村太吉郎、佐藤房次郎という試衛館一門の四人も加わっていた。彼らも近藤らとともに京都に残り、国事のために働きたい気持ちはあっただろうが、家庭の事情がそれを許さなかった。みな故郷に妻子があり、自由な行動をとれる身ではなかったのだ。

その点、京都に残った者のほうは、近藤以外は全員独身だった。この差が彼らの行動を決定づけ、結果的に歴史に名を残す者とそうでない者を分けることになったのである。

一方、近藤ら十七人のほかにも、京都に残留した浪士たちがあった。一番組所属だった殿内《とのうち》義雄、家里次郎《いえさとつぐお》、根岸友山《ねぎしゆうざん》、遠藤丈庵《じょうあん》、清水五一《ごいち》、七番組所属の神代仁之助、鈴木長蔵の合計七人だ。

彼らもまた、鵜殿鳩翁の指示を受けて近藤らに合流したので、残留浪士の総勢は二十四人ということになった。彼らがやがて「新選組」となるのだが、まだその隊名はなく、しばらくの間は屯所《とんしょ》の置かれた村の名をとって「壬生浪士組」と名乗っていた。

三月十五日、壬生浪士たちは、会津藩本陣である黒谷《くろだに》の金戒光明寺《こんかいこうみょうじ》へ挨拶に出向いた。このとき初めて、芹沢、近藤を中心とした十七人と、殿内、家里らの七人が行動をともにしている。もっとも、双方に二人ずつ病人がいて、黒谷へ向かったのは二十人であったという。

この日、二十四人の姓名が会津藩に提出されたことから、会津藩側は残留浪士の人数を二十四人と記録した。そのため公式記録のうえでは、この二十四人が壬生浪士組の創設メンバーということになった。

しかし、当事者の一人である永倉新八の認識はそうではなかった。永倉は『同志連名記』という隊士名簿を書き残しており、そのなかには主流派の十七人は全員名が記されているが、あとから加わった七人のほうは一人も記載されていないのだ。つまり、永倉にとって、殿内ら七人は「同志」ではなかったということになる。

いわば反主流派であった七人は、結局、主流派十七人と対立することになり、わずか十日間のうちに全員が脱走する。

根岸友山、遠藤丈庵、清水五一、神代仁之助、鈴木長蔵の五人は、集団で脱走したらしく、みな江戸に帰って浪士組に復帰した。浪士組はやがて「新徴組《しんちょうぐみ》」に改編されるが、彼らもそのまま新徴組隊士となっている。

このように、脱走して京都を離れればいいが、そうでなかった者はあわれな最期をとげることになった。

三月二十五日夜、反主流派の中心的存在だった殿内義雄が四条大橋の上で暗殺された。また家里次郎は、脱走後しばらくして発見されたものらしく、四月二十四日になって大坂で詰め腹を切らされている。いずれも近藤ら主流派の者による処断だった。

反主流派七人は、こうして一掃された。ただし、主流派のうち阿比留鋭三郎は四月六日に病死しており、同じく粕谷新五郎はいつのまにか脱走していた。二十四人で発足してから一か月もたたないうちに、彼らの人数は十五人に減っていたのだ。

このように複雑な経緯をへて、壬生浪士組は誕生した。だから隊の創設者の人数について、二十四人、十七人、あるいは十三人などと説が分かれるのも、一種やむをえないことといえるのである。

一八　壬生浪士組にもう一つの屯所があったというのは本当か

会津藩お預かりとして発足した壬生浪士組であったが、その人数は、実質わずか十五人に過ぎなかった。そこで、会津藩主松平容保は、「壬生浪人は人数不足であるから、同志を募り一隊を組織せよ」との命令を近藤勇らに下した。

これを受けて近藤らは、文久三年（一八六三）四月上旬ごろから京都市中で新入隊士の募集を開始する。しかし、京都だけでは人材が集まらなかったようで、隣国の大坂まで足をのばして勧誘しようということになった。

ちょうどそのころ、二条城の将軍家茂が摂海《せっかい》（大阪湾）の防備状況を巡視するために大坂に下ることが決まり、壬生浪士組はその道中警護の列に加わりたいと会津藩に願い出た。

藩主容保が幕閣にはかったところ、許可がおりたので、彼らは将軍警護という大役をつとめることになった。いわば、これが壬生浪士組の初仕事である。

そして、その大役をつとめるかたわら、大坂市中で新入隊士の募集をしようというのだった。この機会を利用すれば、どこの馬の骨ともわからない浪士隊という扱いを受ける心配はなく、将軍警護をつとめる名誉ある武士集団として大坂に乗り込むことができる。募集も格段に容易になるというわけだ。

四月二十一日、二条城を出た家茂は軍艦順動丸《じゅんどうまる》に乗り、幕臣勝海舟《かつかいしゅう》の案内で摂海沿岸を視察する。その警護の列のなかには壬生浪士組の姿があり、それを会津藩公用局《こうようきょく》の広沢安任《やすとう》は、こう記録した。

「浪士、時に一様《いちよう》の外套《がいとう》を製し、長刀地に曳《ひ》き、あるいは大髪頭を掩《おお》え、形貌《けいぼう》はなはだ偉《たくま》しく、列をなして行く。逢う者みな目を傾かせてこれを畏《おそ》る」

広沢の見た「一様の外套」というのは、壬生浪士組の制服とされた羽織《はおり》のことで、浅《あさ》葱《ぎ》色の地の、袖《そで》とすその部分に山形模様を染め抜いたものだった。有名なこの羽織も、この日が初お目見えということになる。

まるで忠臣蔵の芝居から抜け出てきたような浪士たちが、長刀をひきずるように携え、大きなまげを結《ゆ》っていかめしい顔つきで行進するさまは、いやおうなしに人々の注目を集めたことだろう。

家茂が大坂滞在を終えて京都に戻ったのは五月十一日のことだったが、それまでの間、壬生浪士組は大坂で隊士募集を行った。大坂には町の剣術道場も多いので、それらを訪ね歩き、同志となる意志のある者を募ったのだ。

この結果、二十人ほどの新入隊士を得ることができ、合計三十六人の陣容《じんよう》が整えられた。壬生に帰営後の五月二十五日、彼らは攘夷鎖港《さこう》についての建白書を朝廷、老中《ろうじゅう》、会津藩にあてて提出しているが、末尾に三十六人の署名が見られる。新入隊士の顔ぶれは、これによって知ることができる。

芹沢鴨　近藤勇　山南敬助　土方歳三　沖田総司　平山五郎　野口健司　永倉新八
井上源三郎　平間重助　藤堂平助　原田左之助　佐伯又三郎　斎藤一
佐々木愛次郎《あいじろう》　川島勝司《かつじ》　三浦繁太郎《しげたろう》　佐々木蔵之介《くらのすけ》　安藤早太郎《はやたろう》　松原忠司《ただじ》
亀井造酒《みき》之助《のすけ》　蟻通《ありどおし》七五三《しめ》之進《のしん》　馬詰勘介《うまづめかんすけ》　馬詰信十郎《しんじゅうろう》　浜口鬼一《きいち》　林信太郎
田所弘人《ひろと》　島田魁《かい》　家木将監《いえきしょうげん》　中村金吾《きんご》　山田春隆《はるたか》　大松系斎《だいまつけいさい》　細川内匠《たくみ》
杉山腰司《ようじ》
〆三拾六人

三十六人のうち、姓名の記されているのは三十五人だけだが、これは新見錦の名がもれているためと思われる。

この名簿の特徴は、ここに記されたあと、すぐに消息を絶ってしまった隊士が九人もいることだ。みな脱走してしまったに違いない。これが教訓となったのか、やがて彼らは、脱走した者は死刑に処するという厳しい隊規を制定することになる。

☗壬生浪士の屯所となった八木源之丞邸跡。

☗浪士の数が増えたため接収された前川邸跡。

なお、壬生浪士組の屯所は、上洛当初からのなりゆきで八木源之丞邸の離れに置かれていたが、人数がこれだけ増えると、とても収容しきれなくなった。それで、向かい側の前川荘司《しょうじ》方をも使用することになった。

「われわれの同志は追々《おいおい》に増加する。八木のところだけでは手狭で困るから、当家をも拝借する」

芹沢鴨はそういって、強引に前川邸を手に入れてしまう。前川家の人々は閉口して、家を明け渡して六角《ろっかく》通りの親類の家に移ってしまった。以後、芹沢一派はおもに八木邸の離れに寝泊まりし、近藤一派は前川邸のほうで起居《ききょ》していたと伝えられる。

この八木邸と前川邸は、壬生浪士組の屯所としてよく知られている。幸いに両家は現在も当時のままのたたずまいを残しており、訪れる愛好家や旅行客を喜ばせている。

壬生浪士組（新選組）の壬生屯所は八木邸と前川邸の二軒。このことは愛好家の間での常識でもあった。

しかし、実は屯所はそれだけではなかった。ほかにもう一軒存在したのだ。永倉新八の『浪士文久報国記事』にこう明記されている。

「壬生村郷士前川庄《ママ》司宅、八木源之丞隠宅、南部亀次郎宅旅宿いたす」

ここには、三軒が彼らの屯所であったと記され、南部亀次郎方が加えられているのだ。南部邸は八木邸の南に隣接した家で、浪士組上洛のときの宿舎の一つだった。それが、壬生浪士組創設のあとも引き続き屯所として使われていたことになる。

南部邸は今後、三番目の壬生屯所として認識されるべきだろう。ただ惜しまれるのは、ほかの二軒と違い、現在、南部邸は建物が残っていないことだ。当時をしのばせるものが何もないのでは、史跡とはなりにくい。いまとなっては、「幻の屯所」とでも呼ぶしかないのである。

一九　壬生浪士組の隊規は本当はどのようなものだったか

新入隊士の募集によって人員が増加した壬生浪士組は、組織の正式な編成を行った。永倉新八の『新撰組顛末記』、および『浪士文久報国記事』の記述をもとに、このときの編成を推定すると次のようになる。

局長　芹沢鴨　近藤勇
副長　新見錦　山南敬助　土方歳三
副長助勤《じょきん》
　沖田総司　永倉新八　原田左之助　藤堂平助　井上源三郎　斎藤一
　佐伯又三郎　平山五郎　平間重助　野口健司　尾形俊太郎《しゅんたろう》　松原忠司
　安藤早太郎
諸士調役《しらべやく》兼監察《かんさつ》
　島田魁　川島勝司　林信太郎
勘定方《かんじょうかた》　河合耆三郎《きさぶろう》

まず、隊を代表する局長（隊長）となったのは、芹沢鴨と近藤勇の二人だった。芹沢派と近藤派の力関係から、どちらか一方だけを局長にするわけにはいかなかったためと思われる。

ただし、芹沢のことをとくに「巨魁《きよかい》隊長」と称した記録もあるので、両者はまったくの同格であったというわけではなく、おのずと芹沢のほうが上位にあったことが想像される。これは、やはり軽格とはいえ水戸藩士であった芹沢と、農民出身の近藤の出自《しゆつじ》の差がものをいったのだろう。

局長の座にはもう一人、新見錦が就任していたことが、『新撰組顚末記』には記されているのだが、永倉自身が『浪士文久報国記事』ではそれを否定している。

「隊長芹沢鴨、近藤勇、副長は新見錦、山南敬助、土方歳三――」

このように明記されているのだ。『顚末記』は永倉の談話をもとにした物語であり、『報国記事』は永倉直筆《じきひつ》（写本の可能性もあるとはいえ）の遺稿である。どちらが真実に近いのかはいうまでもないだろう。

この局長、副長の下に置かれた幹部職が「副長助勤」だった。これには、壬生浪士組創設以来の者に、新入隊の尾形俊太郎らを加えた十三人の有力な隊士が就任した。副長助勤というのは変わった名称だが、文字どおり、副長を補佐する直属の部下という意味であったのだろう。

次の「諸士調役兼監察」というのは、敵の動向などを探索する任務と、隊内の者を取り締まる任務を兼ねそなえた役職だった。単に「調役」とか、「監察」などと呼ばれることもあり、新入隊の島田魁ら三人が任命されている。難しい仕事であるから、気の利いた人物にしかつとまらなかった。

このほか、隊の会計を管理する勘定方も置かれ、ごく初期には芹沢派の平間重助が担当していたが、新入隊士のなかから商人出身の河合耆三郎という適任者を得たことから、この河合が抜擢されている。

なお、永倉の記録では、右のほかに副長助勤として山崎烝《すすむ》と谷三十郎、勘定方に岸島芳太郎《よしたろう》、尾関弥四郎《おぜきやしろう》、酒井兵庫《ひょうご》といった隊士が加えられているが、彼らはこの時期まだ入隊した形跡がない。

五人とも正確な入隊時期はわかっていないものの、永倉の記憶にしたがえば、このあとそう遠くない時期に彼らは入隊し、役職についたということになる。

こうして壬生浪士組は隊としての体裁《ていさい》を整え、京都守護職配下の治安維持部隊として動きだした。

しかし、新たに参集した隊士たちは、出自も思想もさまざまな、いわば烏合《うごう》の衆《しゅう》であった。

それらを統率するためには、何か指針《ししん》となるものがなくてはならない。その指針として掲げられたのが、「士道《しどう》」だった。武士として守るべき道徳のことである。

彼らのめざす士道は、局中法度《きょくちゅうはっと》と呼ばれる隊規によって具体的に示された。違反した者はすべて切腹させられるという、厳格な規律であった。

永倉の『新撰組顚末記』によれば、条文は次のとおりである。

一、士道を背くこと
二、局を脱すること
三、勝手に金策をいたすこと
四、勝手に訴訟を取り扱うこと

この四か条を背くときは切腹を申しつくること

『新選組始末記《しまつき》』（子母沢寛《しもざわかん》著）では、条文は五か条あったとされているが、永倉は右の四か条だけをあげている。なんといっても当事者の証言であるから、こちらを信ずるべきだろう。

局中法度という名称も、実は昭和三年に『始末記』が発表されたさいに初めて使われたもので、現存する史料にそう明記されたものはない。永倉は、単に「禁令」とか、

「法令」とだけ呼んでいる。

つまり局中法度は、その名称も、五か条あったということも、子母沢寛の創作だった可能性が高いということだ。

もっとも、名称や条項が否定されたからといって、他に例を見ないほどの厳格な隊規が存在したことには変わりがない。

近藤勇も、土方歳三も、もともと武士ではなく、農民の出身だった。それだけに武士に憧れる気持ちは人一倍強く、みずからに対しても、隊士たちに対しても、真の武士であることを求めようとした。

壬生浪士組の隊規の厳しさは、いわば近藤と土方の武士への憧れのあらわれだったのである。

二〇 壬生浪士組と鴻池の意外な関係とは何か

壬生浪士組の名が世間に知られるようになるにつれて、隊の名を騙《かた》って悪事を働く者も現れるようになった。

植村長兵衛《ちょうべえ》という浪士がその第一号で、壬生浪士組の者と偽《いつわ》って京都市中で金策を行った。怒った壬生浪士たちは、文久三年（一八六三）六月二十六日、千本《せんぼん》通り三条上《あが》ルところで植村を斬殺し、現場に首をさらしたという。

しかし、直後の二十九日、今度は大坂で同様の事件が起きた。今橋筋《いまばしすじ》のとある豪商に石塚岩雄《いわお》という浪士がやってきて、壬生浪士と偽り、攘夷のための軍資金と称して強引に金を差し出させたのだ。

七月二日、通報を受けた壬生浪士組では、さっそく数人の隊士が大坂に下った。大坂では、八軒家《はっけんや》の船宿《ふなやど》京屋忠兵衛《ちゅうべえ》方を本拠とし、彼らはそこから道頓堀《どうとんぼり》の石塚の宿を急襲した。抵抗する間もなく生け捕られた石塚は、京屋まで連行されたあと首をはねられ、翌三日早朝に天神橋《てんじんばし》の欄干《らんかん》に梟首《きょうしゅ》された。

首を突き刺した竹竿《たけざお》には、「後日、右党の族これあるにおいては、いささかも用捨《ようしゃ》なく天誅せしむものなり」と墨書《ぼくしょ》した木札《きふだ》がつけられていた。天誅というのは、天に代わって罰を加えるという意味であり、自分たちの名を騙られた壬生浪士の怒りのほどがうかがえるだろう。

ところで、ここに翌四日付のある記録がある。大坂今橋筋の豪商鴻池善右衛門《こうのいけぜんえもん》から、壬生浪士組の近藤勇と芹沢鴨あてに、合計二百三十両の金が差し出された記録である。その証文《しょうもん》が二枚、二百両と三十両に分かれて現存しているので、次に掲げてみよう。

尽忠報国有志江《へ》、為武器料金弐百両被進、時ニ深志之段忝受納仕候、外夷攘斬之上者奉厚謝候
以上
文久三亥歳七月日　浪士
芹沢鴨　光幹《みつもと》
近藤勇　昌宜《まさよし》
山中善右衛門殿

覚《おぼえ》
一、金三拾《じゅう》両
右者為武器料、六子江被進慥ニ御預リ申候、当人共より厚謝申上べく候
以上
七月四日
芹沢鴨
近藤勇
山中善右衛門様

永倉新八の『新撰組顚末記』には、壬生浪士組が鴻池に二百両の借金を申し込み、鴻池側が難色を示したにもかかわらず強引に差し出させたという一件が記載されている。右の領収証は、その証拠として扱われてきたものだ。

しかし、どうもそれは事実とは違うように思われる。

というのは、まず第一に、七月三日に石塚岩雄の事件を片付けたばかりの翌日に、当の壬生浪士組が石塚と同じような行為をはたしてするだろうかということだ。

せっかく石塚を誅伐《ちゅうばつ》して株を上げた壬生浪士組が、その翌日に同様の押し借りにおよぶわけがない。確かに、彼らも商家から強引な金の供出《きょうしゅつ》をさせたりすることはあるが、

時と場合があるだろう。犯人を退治したその足で、同様の犯行におよぶなどというのはどうしても考えられないのだ。

そしてもう一つ、重要な点がある。これは見過ごされがちなのだが、右の鴻池にあてた証文は、実は「借用証」ではない。文言《もんごん》のどこにも、「借用」の文字が入っていないからだ。つまり二百三十両は、鴻池が壬生浪士組に無償で進呈したものということになる。

これは単なる言葉遣《づか》いの問題ではない。現に、このころ壬生浪士組が金を差し出させた商家、たとえば平野屋五兵衛《ごへえ》方や加島《かじま》屋作兵衛《さくべえ》方にあてた証文には、すべてはっきりと「借用」の文字が入っているのだ。

鴻池のものはやはり異例であり、返済を要しない金であったとみるしかないのである。では、何の名目で鴻池は金を差し出したのか。

そこで、注目したいのは、石塚岩雄が押し入った商家は、店名が不明ながら所在地は大坂の今橋筋であったということだ。一方、前述したように鴻池も同じ今橋筋にあった。とすれば、石塚が狼藉《ろうぜき》をはたらいた店は、実はこの鴻池だったのではないか。そして金は、壬生浪士組に対する事件解決の礼として鴻池から差し出されたものではなかったのか。

そう考えれば、証文が「借用証」ではなく、「領収証」のかたちをとっていることへの疑問が解消する。

また、それを裏付けるように、三十両のほうの証文には、六人の者への武器代金として進呈するという文言がみえる。六人というのは壬生浪士組の隊士であったのだろうが、鴻池がその代金を支払う理由があるとすれば、鴻池のために刀をふるった事実があったからと考えるのが自然だろう。

大坂屈指の豪商鴻池と壬生浪士組の関係は、巷間《こうかん》、伝えられるような険悪なものではなく、きわめて円満なものだった。まったく別の二つの記録を整理することで、そんな図式が見えてくるのである。

二一　佐伯又三郎はなぜ芹沢鴨に殺害されたのか

壬生浪士組には、佐々木愛次郎、楠小十郎《くすのきこじゅうろう》、馬詰柳太郎《りゅうたろう》、馬越《まごし》三郎、山野八十八《やそはち》という五人の美少年がいて、彼らは「隊中美男五人衆」と呼ばれていたという。なかでも佐々木愛次郎の最期は悲劇的なもので、『新選組物語』（子母沢寛著）には次のような話が紹介されている。

佐々木には町娘のあぐりという恋人がいたが、局長の芹沢鴨に横恋慕《よこれんぼ》され、自分に差し出すように命じられた。悩んだ佐々木は、隊士佐伯又三郎に勧められ、あぐりを連れて隊を脱走しようとする。

しかし、これは佐伯の謀略で、佐伯もまた美人のあぐりに惚れて、自分のものにしようとねらっていたのだ。朱雀《すざく》千本の藪《やぶ》のなかで仲間数人とともに待ち伏せしていた佐伯は、佐々木を惨殺し、あぐりに暴行を加えた。その最中《さなか》、あぐりは舌をかみ切って自害してしまう。

二人の遺体はそのまま放置され、翌朝になって発見されたという。

この話は、子母沢寛が、八木源之丞の息子の為三郎《ためさぶろう》から聞いたものというが、実録とはいいがたい『新選組物語』のなかでしか紹介されていない。内容的にも、まさしく「物語」的すぎるようにも思われる。

そのため、実は創り話ではないかという疑いももたれていたが、史料『莠草年録《ゆうそうねんろく》』が伊東成郎《せいろう》氏によって発見されて状況が変わった。同史料のなかに、次のような記述があったのだ。

「同日(八月三日)朝、千本通りあたりに男一人、女一人、切り捨ておき候。これは二条御城内の者と申すことにござ候」

時期といい、場所といい、これが佐々木とあぐりの遺体であることは、ほぼ間違いないだろう。まだ隊のほうから引き取りに行っていないため、二条城詰めの幕臣ではないかという身元の推測がされている。

壬生浪士組を代表する美男の佐々木が、恋人のあぐりとともに同志に惨殺されるという小説のような話は、意外にも事実であった可能性が高い。同時代史料の発見によって、伝説は肯定も否定もされたりするが、これはみごとに裏付けのとれた好例ということができるだろう。

この佐々木とあぐりが殺害された一件には、こんな後日談がある。

「ところが、因縁というものはおそろしいもので、この佐々木が殺されて間もなく――そうですね、ものの十日と経たぬ中に当の佐伯又三郎が、芹沢のためにまたこの朱雀の竹藪へ引き出されて殺されてしまったのです」

『新選組物語』所収の八木為三郎の談話である。因果応報《いんがおうほう》というべきか、非道の佐伯は、芹沢によって数日後に同じ場所で殺害されたというのだ。

佐伯と思われる遺体が八月十一日に発見されたことが、やはり『莠草年録』に記録されているので、殺されたのは十日の夜であったことがわかる。佐々木愛次郎の死から、まさしく十日もたたないうちのことだった。

芹沢は、自分のものにしようとしていたあぐりを、佐伯が先に手をつけて死にいたらしめたことを知って、激怒したのだろう。それまで芹沢派の一員として面倒を見てきたのに、恩を仇《あだ》で返すようなまねをした佐伯に対する怒りは大きかった。

しかも、八木為三郎によれば、佐伯が芹沢に行った裏切り行為はほかにもあった。芹沢は、煙草入れの根付《ねつけ》（ひもの端《はし》につけた細工物《さいくもの》）として、ウニコールの歯を加工したものを持っていたが、これを佐伯が盗んだのだという。

ウニコールというのは、北極海に生息する海獣《かいじゅう》で、別名をイッカクといった。イルカに似ているが、長さ二メートルに達する角《つの》状の歯を持つ。この歯は、三センチ程度ののでも十両から二十両の値打ちがあり、これで体をなでるだけで万病がなおるといわれた貴重品だった。佐伯は、このウニコールの根付を盗んで売り飛ばし、自分の遊興費《ゆうきょうひ》にあてていたのである。

芹沢を激怒させたのは、あぐりの件だったのか、それともウニコールの件だったのか。おそらくは両方がかさなってのことだったのだろう。

『莠草年録』には、佐伯の遺体の無残なようすが記されている。それによれば、遺体は「裸身にて首これなく」という状態で、首のほうは九メートルも離れた田圃《たんぼ》のなかに捨てられていたという。ただ殺すだけではあきたらない、そんな芹沢の怒りをうかがうことができる。

芹沢のお気に入りであるのをいいことに、佐伯は調子に乗りすぎたのかもしれない。芹沢の本当のおそろしさを、最後に身をもって知ることになったのは皮肉なものだった。

二二 「幻の名簿」とはどのようなものか

文久三年（一八六三）八月ごろの京都政界では、長州藩を中心とする尊王攘夷派が実権を握っていた。これに対抗する薩摩藩や会津藩らの公武合体派が巻き返しをはかり、尊攘派を京都から追い落とした八月十八日の事件を、八・一八の政変という。

「公武合体派」というのは、朝廷（公）と協調することによって幕府（武）の権威を復活させようとする勢力だ。幕府を助ける者のことを「佐幕《さばく》派」というが、公武合体派も、広義の佐幕派であるといえた。

この日の政変の首謀者は、長州藩とは仲の悪かった薩摩藩で、ひそかに会津藩や、公武合体派の公卿《くぎょう》と同盟を結んで計画をくわだてた。尊攘派の暴走を日ごろから苦々しく思っていた孝明《こうめい》天皇からも、「兵力をもって国家の害をのぞくべし」という勅状《ちょくじょう》を得ることができ、クーデターは十八日の未明に決行された。

午前一時を集合時刻として、中川宮朝彦《なかがわのみやともひこ》親王をはじめとする公武合体派公卿が御所に参内《さんだい》し、九つの門は厳重に閉鎖された。それらの門は、薩摩、会津、および京都所司代《しょしだい》である淀《よど》藩の兵が守ることになっており、ほかに土佐《とさ》、阿波《あわ》、備前《びぜん》、鳥取《とっとり》、津《つ》、肥後《ひご》、加賀《かが》、米沢《よねざわ》といった在京諸藩の兵に招集がかけられた。

午前四時には九門の警備配置も完了し、御所内で行われた緊急朝議では、尊攘派公卿の参内停止や長州藩の堺町御門《さかいまちごもん》警備の解任などが決定された。これにより朝廷内の実権は公武合体派が掌握し、尊攘派はたちまちのうちに失脚したのだった。

異変に気づいた三条実美《さねとみ》らの尊攘派公卿は、急いで御所に向かうが、すでに遅かった。御所は諸藩兵によって厳重に固められ、中に入ることはできなかった。長州藩兵も、持ち場の堺町御門に駆けつけるが、そこにはすでに薩摩や会津の兵が武装して陣取っていた。

両軍は門前でにらみあい、双方とも、大砲、小銃、槍をかまえて一触即発となる。いつ戦闘の火ぶたが切られるかわからない状態で、両軍はそのまましばらく対陣を続けた。

壬生浪士組に出陣が要請されたのは、そんな最中のことだった。

昼近くになって、会津藩公用方の野村佐兵衛から、「壬生浪士組は御所へつめ、それぞれ指揮に従って警備いたすべし」との命令がくだされたのだ。近藤勇と芹沢鴨は、ただちに隊士を集合させ、二列縦隊の先頭に、六尺《しゃく》四面の隊旗を押し立てて御所へ向けて出動した。

この隊旗は、赤地に白く「誠」の一字を染め抜いたもので、赤誠一途《せきせいいちず》、つまり偽りのない心を重んじる彼らの心情が込められていた。「誠」を隊の象徴とすることが誰の発案であったのかは不明だが、この旗は芹沢の死後もずっと隊旗として使用されたことから、もう一人の局長の近藤の主張だった可能性が高い。

赤誠の大旗に、浅葱色の羽織。人目をひく派手ないで立ちの浪士団が御所の蛤御門《はまぐりごもん》に到着したのは正午ごろのことだった。

ところが、門のなかに入ろうとした彼らを、警備の会津藩兵が押しとどめた。

「何者だ、名乗れ名乗れ」

壬生浪士組の存在を、藩兵の一部は知らなかったのだ。当時の会津藩兵は、以前から京都に赴任していた者に加え、新たに国元から上京した者が多く加わっていた。そのため、壬生浪士という一団が自藩の配下にあることを知らない者も多かったのだろう。

このとき隊列の先頭に立っていたのは近藤と芹沢だったが、その目の前に会津藩兵の槍が突き出された。それに近藤は一瞬ひるんだが、芹沢は平然として槍の穂先を鉄扇であおぎ、

「拙者どもは会津侯お預かりの壬生浪士なり。無礼して後悔するな」

と大声でいった。それでもらちがあかないので、腕ずくでも通り抜けようとしたとき、ようやく事情を知る公用方《こうよう》の西郷十郎右衛門《じゅうろうえもん》らがやってきて、

「これはこれは芹沢先生、拙者の落ち度で意外のご無礼つかまつった。子細《しさい》ござらぬによって、お通りくだされたい」

というので、もめごとは解決した。

壬生浪士組は無事、蛤御門のなかに入り、禁裏《きんり》御所の南側にある建礼門《けんれいもん》の守備についた。そのまま長州軍の暴発にそなえて同所に陣取り、しばし緊張の時を過ごしたのである。

結局、午後五時になって、堺町御門につめかけていた長州軍は撤退を始め、東山《ひがしやま》の大仏妙法院《みょうほういん》に移動した。そこで、ひとまず全軍長州へ落ち延びようということになり、翌十九日の朝、彼らは京都を出て長州本国へと向かった。三条実美ら七人の尊攘派公卿もこれに従ったため、この事件は「七卿《しちきょう》落ち」とも呼ばれる。

懸念された長州軍の攻撃がなかったので、壬生浪士組が存分に活躍することはできなかったが、とりあえず御所警備の任務はまっとうすることができた。これも彼らにとっては一つの大きな実績となったのである。

ところで、この日の彼らの姿は、会津藩士鈴木重光《しげみつ》によって次のように記録されている。

「壬生浪人と号しおり候者ども五十二人、一様《いちよう》の支度いたし、浅葱麻《あさ》へ袖口のところばかり白く山形を抜き候羽織を着し、騎馬提灯《ちょうちん》へ上へ長く山形をつけ、誠忠の二字を打ち抜きに黒く書き置き候」

ここには、制服の羽織や提灯など印象的な小道具について描写されているが、隊士の人数が五十二人であったというところに注目したい。鈴木重光は、当日の壬生浪士の人数をどうやって知ったのだろうか。隊士の誰かに取材して得た情報だったのか。

そう考えたとき、一つの名簿の存在が浮上する。

昭和三年に刊行された『新撰組史』(平尾道雄著)にのみ収録されている、「幻の名簿」といわれるものである。

近藤勇　山南敬助　土方歳三　沖田総司　野田健治　長倉新八　井上源三郎
平間重助　原田左之助　斎藤一　佐々木愛二郎　川島勝司　佐々木蔵之允
安藤早太郎　松原忠治　蟻通七五三助　高詰神威斎　高詰信十郎　浜口飛一
林信太郎　島田魁　松永主計　田中伊織　中村金吾　奥残栄助　楠小十郎
土方対馬　阿部慎蔵　森六郎　正野八十八　蟻通甚五郎　宿院良蔵　尾関雅次郎
尾形俊太郎　馬越大太郎　松崎野馬　笹塚岸蔵　藤本彦之助　小倉伊勢蔵
伊藤与八郎　柳田三次郎　上田金吾　和田隼人　越後三郎　中村久馬　河合耆三郎
菅野六郎　佐伯又三郎　荒木田左馬之介

誤記、もしくは誤植が多くみられるが、「野田」は野口、「高詰」は馬詰、「浜口飛一」は浜口鬼一、「奥残」は奥沢、「松崎野馬」は松崎静馬《しずま》、「笹塚岸蔵」は篠塚峯蔵《みねぞう》、

「小倉伊勢蔵」は御蔵伊勢武《みくらいせたけ》の誤りとみていいだろう。

この名簿の成立時期は、三十六人の名が記された五月二十五日の建白書の提出以降であることはいうまでもなく、八月二日に死亡した佐々木愛次郎の名があることから、それ以前であることも間違いない。したがって、その間の六月か七月ごろに作成された名簿ということになる。

ところが、この名簿には、当然あるべき芹沢鴨と平山五郎の名がない。

実は、『新撰組史』では、この名簿を文久三年十月ごろのものとして掲載しているのだ。そのため、九月に死んだ芹沢と平山の名があっては不都合なので、著者の平尾道雄が手を入れて削除したと考えられる。あくまでも原本は、芹沢と平山を含んだ文久三年六、七月ごろの在隊者をあらわす名簿であったに違いない。

とすれば、人数は右に掲げたものが五十人ちょうどであるから、芹沢ら二人を加えて総勢五十二人ということになる。

五十二人――。まさしく鈴木重光が記録した人数と同じである。鈴木は、八月十八日の当日に出動した壬生浪士の人数を正確に記したのではなく、彼らの名簿に登載された五十二人という数字をそのまま記録しただけに過ぎなかったのだろう。

実際には、すでに佐々木愛次郎と佐伯又三郎が死亡しているため、当日の出動者は、ほぼ五十人とみることができる。永倉新八は『新撰組顛末記』で「八十人」と多めに語っているが、『壬生浪士始末記』（西村兼文著）には「四十余人」とあり、このあたりが事実に近いように思われる。

なお、『新撰組史』の著者の平尾道雄は、なぜかのちに改訂版の『新撰組史録』を著したさいに、右の名簿を再収録していない。そのため、現在、この名簿を目にすることはきわめて困難になってしまっている。「幻の名簿」といわれるゆえんである。

二三　新見錦はなぜ切腹させられたのか

局長の芹沢鴨は、アルコール依存症のようなところがあり、昼間から大酒を飲んで、まず酔っていないときはないような人物だった。

そのために京都の人々に迷惑をかけることも多く、壬生浪士組の評判も悪化するばかりだった。

芹沢の乱暴行為の実例をあげると、まず文久三年（一八六三）六月、島原《しまばら》の遊郭角屋《すみや》の客扱いが気に入らないといって、店内で大暴れして備品類を木《こ》っ端《ぱ》みじんにし、そのうえ強引に七日間の営業停止を主人に申しつけた。

また、大坂新町の吉田屋では、遊女の小寅《ことら》が自分のいうことをきかないといい、仲居《なかい》のお鹿とともに髪の毛を切り捨てた。さらに、四条堀川《しじょうほりかわ》の商家菱屋《ひしや》の妾であったお梅という美人を強奪し、自分のものにしてしまう。

そして八月十二日、葭屋《よしや》町一条の商家大和屋が隊への献金を断った腹いせに、隊士に命じて同家の土蔵を焼き打ちするという最大の暴挙が行われた。これには、京都守護職の松平容保も我慢できず、ひそかに近藤勇を呼びつけて、芹沢を処分するように命じたのだった。

焼き打ち事件の直後に八・一八の政変が起き、京都の情勢があわただしくなったため、処分はしばらく棚上げになっていたが、九月に入って実行に移された。

松平容保が処分を命じたのは芹沢一人であったが、それだけというわけにはいかない。芹沢には新見錦、平山五郎、平間重助、野口健司という水戸以来の同志があり、かりに芹沢を殺せば、彼らが反撃してくるのは明らかだった。

そこで、本命の芹沢をやる前に、少しでも芹沢派の勢力を削《そ》いでおこうということで、まず副長の重職にある新見に白羽の矢が立てられたのである。

決行は九月十三日。処分の方法は、隊規違反による切腹という合法的なものだった。壬生浪士組の隊規については前述したが、記録に残るうえで最初の違反者となったのが、この新見だったのだ。

ただし、隊規がつくられた時期については異説があり、このときまだ隊規はできていなかったともいう。その場合には新見の死因は隊規違反ではないということになるのだが、それについて以下に述べてみたい。

もともと新見の死について記された史料はほとんどなく、永倉新八による『新撰組顚末記』が唯一のものとされていた。

「近藤はついに隊長の権威をもって新見錦の横暴をおさえ、非行のかずかずをあげて祇《ぎ》園《おん》の貸座敷山緒《やまお》で詰腹《つめばら》を切らせた」

新見も、芹沢の配下として京都市中でかなりの乱暴におよんでいたことは間違いない。それを近藤らが指摘し、無理やり切腹させたということだ。

ここには、新見が死に追いやられた理由が、隊規違反であるとは明記されていない。しかし、暗殺という手段におよばずに、わざわざ自分で腹を切らせているところから、ある程度の本人の同意があったと考えられるのである。

その場合、まさか近藤らが新見の良識に訴えて自刃させたわけではないだろう。それで納得する新見ならば、最初から苦労はしない。あくまでも新見の行動が、隊規の「士道を背くこと」という条項に違反していることを指摘し、それを根拠にして切腹を強要したのであろうことは想像に難くない。

このことは、やはり永倉による『浪士文久報国記事』が発見されて、裏づけられることになった。そこには次のようにある。

「新撰組新見錦と申す者これあり、この仁《じん》、法令を犯し、ことに乱暴はなはだしく、芹沢、近藤説得いたすといえどもさらに聞き入れず、ついに切腹いたさせる――」

ここにはっきりと、「法令を犯し」と書かれているのだ。

永倉が隊規のことを「法令」とか「禁令」とか呼んでいたことは前述したが、その「法令」に違反したというのだから、新見の死が隊規違反によるものであったことは決定的といっていいだろう。この法令というのが、隊規のことではなく、幕府の法律とみる向きもあるのだが、それは深読みのしすぎといわざるをえない。

ただし、『報国記事』は続けて次のように記している。

「四条木屋町《きやまち》に旅宿いたしおる水府浪人吉成常郎方へ新見錦参る。やはり暴をいたし、ついに余儀なく水府浪人梅津某介錯《かいしやく》にて新見錦切腹いたす」

この記述はかなり難解だ。現場が祇園の山緒でなかったことはいいとしても、壬生浪士組の隊規違反に問われた新見が、なぜ外部の者の介錯で切腹することになったのだろうか。

むろん、梅津という姓の隊士は存在しない。吉成常郎のほうは、水戸藩士吉成恒次郎《よしなりつねじろう》のことと思われるが、それにしても事情はよくわからない。

新見が隊規違反の罪で切腹したことは動かぬ事実としても、最期の状況については今後のさらなる調査が必要といえるだろう。

二四　芹沢鴨暗殺の下手人は誰だったのか

芹沢派の副長新見錦を除くことに成功した近藤派は、いよいよ本命芹沢鴨の暗殺を実行する。

九月十八日、島原の遊郭角屋の座敷を借り、壬生浪士組は集会を開いた。会議の終了後は宴会となり、芸妓や舞子をあげてにぎやかにやっていたが、途中で芹沢は席を立ち、平山五郎、平間重助を連れて屯所の八木邸へ帰った。

このチャンスを近藤は見逃さなかった。土方歳三、沖田総司、山南敬助、原田左之助の四人に、あらかじめ命じてあったとおり芹沢のあとを追わせた。ただし近藤自身は、ほかの隊士たちに気づかれるのを避けるため角屋に残った。

芹沢ら三人が八木邸に戻ると、芹沢の愛妾《あいしょう》のお梅、平山の馴染《なじ》みの桔梗屋《ききょうや》の吉栄《きちえい》、平間の馴染みの輪違屋《わちがいや》の糸里《いとさと》という女性たちが待っていて、飲み直しが始まった。

そこに土方がやってきて、座に加わった。いつになく土方は饒舌《じょうぜつ》で、しきりに芹沢に酒をすすめる。芹沢も上機嫌になり、際限なく飲み続ける。

むろん、これは土方の策略だった。

神道無念流の達人の芹沢を討つには、正攻法でのぞんでは危険が大きい。それで、芹沢が酒好きなのを利用して、泥酔させたうえで襲うという作戦がとられたのだ。

芹沢は、これにみごとにはめられた。いい気分で飲み過ぎた芹沢は、お梅を連れて寝所に入り、前後不覚に眠り込んでしまった。平山も同じ部屋で吉栄と眠り、平間は別室で糸里を抱いて寝入った。

このようすを見届けた土方は、玄関の障子を開け、門扉《もんぴ》を開けたままにして表に出た。表には、沖田、山南、原田が息を殺してひそんでいる。

午前零時ごろ、四人は抜刀して、部屋の唐紙《からかみ》を蹴破って突入した。

まず山南と原田が、熟睡している平山に向かい、その首を斬り落とした。襲撃されたことに平山が気づく間もない早業だった。

その間に土方と沖田は芹沢を襲った。ちょうど部屋に屏風《びょうぶ》が立て掛けてあったので、これを芹沢の上に倒して、その上から刀を突き立てた。芹沢は大声をあげ、枕元にある刀をとろうと手をのばしたが、さらに数回突き刺されて、ついに絶命した。

このとき、同衾《どうきん》していたお梅も巻き添えをくって斬り殺された。民間人を巻き添えにするのは土方らの本意ではなかったろうが、強敵芹沢を確実に倒すには、この方法しかなかったのだ。

もう一人、別室の平間重助も屏風の上から数太刀浴びたというが、騒ぎに気づいた八木家の妻女が悲鳴をあげたので、刺客《しかく》たちは急ぎ退散した。命拾いした平間は、現場を脱出し、そのままどこへとも知れず行方をくらましてしまった。

平間の馴染みの糸里も無事ですみ、平山と寝ていたはずの吉栄は、運よく厠《かわや》に行っていたために助かった。

こうして、芹沢派は壊滅状態となり、壬生浪士組の実権は近藤派が一手に掌握することになった。

この直後、彼らに朝廷から新しい隊名が与えられた。「新選組」である。前月の八・一八の政変のさいの働きが朝廷に評価され、その褒美として下されたものだった。

芹沢は、その名を知ることなく死んでいった。あるいは、この新選組という隊名は、芹沢という障害物が排除されるのを待って与えられたものであったのかもしれない。それほど絶妙のタイミングでなされた命名だった。

新たなるスタートをきった新選組は、ただ一人の局長となった近藤のもと、山南が総長という新設の職について近藤を補佐し、土方が副長として隊内を取り締まっていくことになる。

ところで、右の文中、芹沢らを襲撃した下手人は、土方、沖田、山南、原田の四人であると私は書いた。『壬生浪士始末記』（西村兼文著）の説にしたがったものだ。西村兼文は、新選組がのちに屯所を置いた西本願寺の寺侍《てらざむらい》であった人物で、新選組に関する情報の確かさは保証付きだった。

しかし、残念ながら、屯所が西本願寺に移ったのは慶応元年（一八六五）のことで、それ以前は西村といえども新選組の情報に通じていたわけではない。文久三年（一八六三）に起きた芹沢暗殺事件の詳細を知り得る立場にはなかったのである。

では、下手人は右の四人以外であった可能性もあるのか。

近藤以下、芹沢暗殺にかかわった者は、その後も暗殺の真相をいっさい口外しなかったようで、たとえば試衛館以来の同志の永倉新八にさえ、口を閉ざして語らなかったという。維新後しばらくしてから、永倉が壬生の八木為三郎に語ったところでは、

「まったくなんにも知らなかった。近藤の差し金には相違ないが、あんなに生死を誓った自分にさえ、とうとう本当のことはいわなかった。しかし、だいたい刀をふるったのは、土方、沖田、原田、井上などではないかと想像している」

ということだった（子母沢寛著『新選組遺聞《いぶん》』）。

ここでは山南にかわって井上源三郎の名があげられている。山南も井上も、近藤にとって試衛館以来の同志という点は同じだが、天然理心流への関わりの深さという点では大差があった。その意味では、四人目の刺客は井上のほうが、よりふさわしいといえるかもしれない。

ただし、永倉が下手人の顔ぶれを本当に右の四人と認識していたかどうかは疑わしい

➡壬生寺にある芹沢鴨と平山五郎の墓。

➡新見錦の変名と思われる田中伊織（右から二人目）の名が刻まれた墓。

のだ。永倉の談話をもとに構成された『新撰組顚末記』には、下手人の名が、

「土方、沖田、藤堂、御倉伊勢の四人」

と記されているからだ。永倉直筆の『浪士文久報国記事』にも同様に記されており、永倉の認識における下手人は、むしろこちらの四人ということになる。

もっとも、永倉自身が刺客の人選からもれていたのだから、顔ぶれについては永倉の想像の域を出ることはないが、そのなかに御倉伊勢の名を加えているのは興味深い。

御倉は正しくは御蔵伊勢武といい、この年七月ごろに入隊した隊士だ。実は御蔵の正体は、長州藩から送り込まれた間者《かんじゃ》であり、それが発覚して、やはり間者であった荒木田左馬之助《さまのすけ》、楠小十郎とともに九月二十六日に斬殺されることになる。

九月二十六日といえば、芹沢暗殺からわずか八日後である。もともと近藤は、芹沢の横死《おうし》について自分たちに疑いがかかるのをおそれ、「刺客が忍び込んだのだ、長州のやつらしい」などといった噂を意識的に流していた。

それで、隊内で長州の間者が発覚したことをいいことに、彼らに芹沢暗殺の罪をなすりつけて闇に葬ってしまったと考えられるのだ。わずか八日後という、すばやい対応の裏には、そんな魂胆《こんたん》が見え隠れするのである。

永倉も、噂をある程度信じたのだろう。下手人は近藤の手の者とわかってはいたが、長州の間者という説も捨て難い信憑性《しんぴょうせい》がある。そこで下手人の顔ぶれを想像するとき、

土方、沖田、藤堂に、御蔵伊勢武を加えるという「折衷案《せっちゅう》」になってしまったのではないか。この四人の組み合わせは、永倉の思考の混乱がそのまま表されたものであったということになる。

実際には、芹沢暗殺という極秘行為に、近藤が身内以外の者を参加させるとは考えられない。現に、永倉さえメンバーからはずすほどの慎重さで計画は練られたのだ。

やはり顔ぶれとしては、『壬生浪士始末記』にある土方、沖田、原田、山南（もしくは井上）の四人が、最も可能性が高いといわざるをえないのである。

二五　新選組の給料はいくらだったのか

新選組は、会津藩からどのような待遇を与えられていたのか。

このころの新選組の給料について、よく引き合いに出されるのが、『新撰組顛末記』の永倉新八の証言だ。

「組の隊長は大御番頭取《おおごばんとうどり》とよばれ手当てが月に五十両、副長は大御番組頭《くみがしら》でおなじく手当てが四十両、副長助勤は大御番組といって手当てが三十両、以下の同志もそれぞれ名称と手当てを付され、平組員でさえ大御番組なみとよばれ月の手当て十両ずつ給されることとなった」

当時の金を現代の貨幣価値に換算することは難しいのだが、前述したように、一両はおおよそで五万円程度にあたる。すると、局長近藤勇の月給は二百五十万円、副長土方歳三が二百万円、副長助勤の沖田総司らが百五十万円、平隊士でも五十万円を支給されていることになる。

これは、かなりの高給取りといっていいだろう。もともと彼らは合宿生活であったから、住居に不自由しないうえ、三度の食事から武器にいたるまでが隊から支給されていた。それ以外の使い道といえば遊興費ぐらいしかなく、いわゆる小遣いとしては十分すぎるほどの額である。

　さすがに命を的にして働く新選組であり、その危険手当としての意味を込めて、大金が支給されているのだと従来解釈されてきた。

　しかし、この高待遇は事実ではなかった。史料『東西紀聞《きぶん》』所収の「十月四日より八日迄滞京中見聞《けんぶん》」のなかに、次のような記述があるのだ。

「壬生村に公儀より浪士お抱え置かれ、一人へ一ヶ月金三両ずつ会津侯よりお渡し
――」

　ここでは、隊士の月給は一律で三両となっている。三両ならば、現在の十五万円だ。永倉の証言とはかなりの格差がある。

　どちらが真実に近いのかといえば、幕末の当時に記録された『東西紀聞』と、大正時代に成立した『顚末記』とでは、くらべるべくもないだろう。このころの新選組の異例とも思える高待遇は、事実ではなかったとみるしかない。

　では、隊の創設から日も浅いこの時期ではなく、もっとあとになれば永倉のいうような待遇が与えられたことがあったのだろうか。こののちに起こる池田屋事件をへて、新選組の評価は格段に上がったはずであるので、待遇面の変化は十分に考えられるところだ。

しかし、意外なことに、新選組の給料は四年後の慶応三年（一八六七）になっても、さほど変化していなかった。たとえば、慶応三年十一月に支給された一か月分の人件費は、三百五十七両三分と記録に残っており、そのときの隊士数九十三人で単純に割っても、一人平均四両ほどにしかならない。

とすれば、新選組の京都での五年間のなかで、永倉がいうような高待遇が与えられた時期は、存在しないということになる。

それに、そもそも新選組が大御番組に任じられたこと自体、事実ではない。大御番組というのは幕府の武官の一つで、家柄と武芸によって選ばれたエリート集団である。非常時には幕府軍の先頭に立って、敵と戦うことになっていた。

その勇ましい任務は新選組にぴったりのものだったが、家柄という点では不相応《ふそうおう》といわざるをえず、何よりも永倉の証言以外には、彼らが大御番組に任じられた記録がみあたらないのだ。のちに近藤が到達した最高の身分でさえ、見廻組与頭格《みまわりぐみくみがしら》というものに過ぎず、これは大御番頭取にくらべれば格段に低い格式だった。

永倉の証言は、いわゆる「見栄」を張っていたものとみられても仕方のないところだろう。

もっとも、もし彼らが高給取りであり、平隊士でさえ月に十両もの給料をもらっていたとしたら、とくに市中で金策などする必要はなかったはずだ。それにもかかわらず、あえて隊規第三条には、「勝手に金策をいたすこと」を厳禁する条文が盛り込まれている。これは、実際に隊士のなかに勝手な金策をする者があるから設けられた条項と考えられるし、現に、違反して処分された者も数人いる。

いわば、この隊規があること自体、隊士たちが金策をしたくなるような待遇しか与えられていなかったことの証明といえるのである。

二六　近藤勇は愛刀虎徹をいつ手に入れたのか

近藤勇が、日野の佐藤彦五郎にあてた文久三年（一八六三）十月二十日付の手紙には、興味深い刀剣論が述べられている。

文面にはまず、土方歳三の刀が二尺八寸（約八十五センチ）の和泉守兼定《いずみのかみかねさだ》で、脇差《わきざし》は一尺九寸五分《ぶ》（約五十九センチ）の堀川国広《くにひろ》であることが書かれている。脇差はふつう、長さが一尺から二尺の間となっているので、土方の国広はかなり長めであったことがわかる。

このように、脇差は長いほどいいと、近藤は主張するのだった。なぜなら、実戦の場では、大刀が折れることはよくあることだ。そんなとき、長い脇差があれば、大刀と同様に使うことができる。その利点を近藤は強調するのである。

有名な荒木又右衛門《またえもん》も、鍵屋《かぎや》の辻《つじ》の決闘のさいに、愛刀の伊賀守兼道《いがのかみかねみち》が折れて苦戦したが、二尺二寸五分の長脇差があったために、ことなきをえたという。このことも近藤は例に出し、みずからはなんと二尺三寸五分（約七十一センチ）もの脇差を持つようになった。

これでは、もはやふつうの大刀と変わらない。いわば、大刀を二本差しているようなことになり、見た目のバランスはあまりよくなかっただろう。それでも、あくまでも実戦に重きを置いたのは、さすがに新選組局長の近藤だった。

ところで、この手紙の文面では、近藤の佩刀《はいとう》が何であったのかはわからないが、同日付で近藤が故郷にあてたもう一通の手紙が存在し、そこにはこう記されている。

「当時、具足二両、大小虎徹入道《こてつにゆうどう》、鍔信家《つばのぶいえ》、馬三疋《びき》、そのほか一統武器さしつかえこれなく候」

近藤が愛したことで知られる名刀「長曾根《ながそね》虎徹」を、このころすでに入手していたというのだ。時価五十両はしたという虎徹を、近藤はどうやって手に入れたのか。

入手経路については諸説あるが、そのほとんどは信憑性のないものにすぎず、有力な説としては大坂の豪商鴻池から譲り受けたというものがある。

あるとき、鴻池で押し借りをはたらいた不逞《ふてい》浪士を土方歳三と山南敬助が討ち取るという事件があり、そのさいに山南が左腕に負傷、刀も折れてしまったので、鴻池は謝礼として近藤を含めた三人に新しい刀を進呈した。このとき近藤が受け取ったのが虎徹であったというのだ。

これは、『両雄士伝』（小島鹿之助著）、『近藤勇』（鹿島淑男著）などに出ている事件だが、実は商家は鴻池ではなかったと思われるふしがある。というのは、小野路村の小島鹿之助のもとに山南の折れた刀が送られてきたことがあり、それを模写した絵が現存しているのだが、そこにはこのような書き込みがされている。

「新撰組局長助山南敬助、岩木《(ママ)》升屋《ますや》へ乱入の浪士を討取《うちとり》候節《せつ》、打折《うちおれ》候刀、此時会津侯より御賞美として金八両拝領《はいりょう》いたし候」

岩城升屋というのは大坂北船場《きたせんば》にある呉服商で、いわゆる豪商の一つだった。山南はこの店に押し入った浪士を倒したが、刀は折れてしまったという。つまり、鴻池のときとまったく同じ状況が書かれているのである。

両者は同一の事件であり、鴻池と伝えられていたのは岩城升屋のことだったのではないか。そう考えるのが、むしろ自然だろう。二つの事件を別のものと考えるには、状況があまりに似すぎているのだ。

では、事件があったのはいつのことか。

それについて、『近藤勇』には翌年の元治《げんじ》元年(一八六四)正月のことと記されている。しかし、それでは近藤が虎徹を入手した時期と食い違いができてしまう。遅くとも、手紙の書かれた文久三年（一八六三）十月二十日以前でないと、つじつまが合わないのだ。

何かほかに、岩城升屋事件の起こった時期を特定できる材料はないものだろうか。

そう考えたとき、近藤の二通目の手紙に興味深い追伸部分があることに気づいた。次の部分だ。

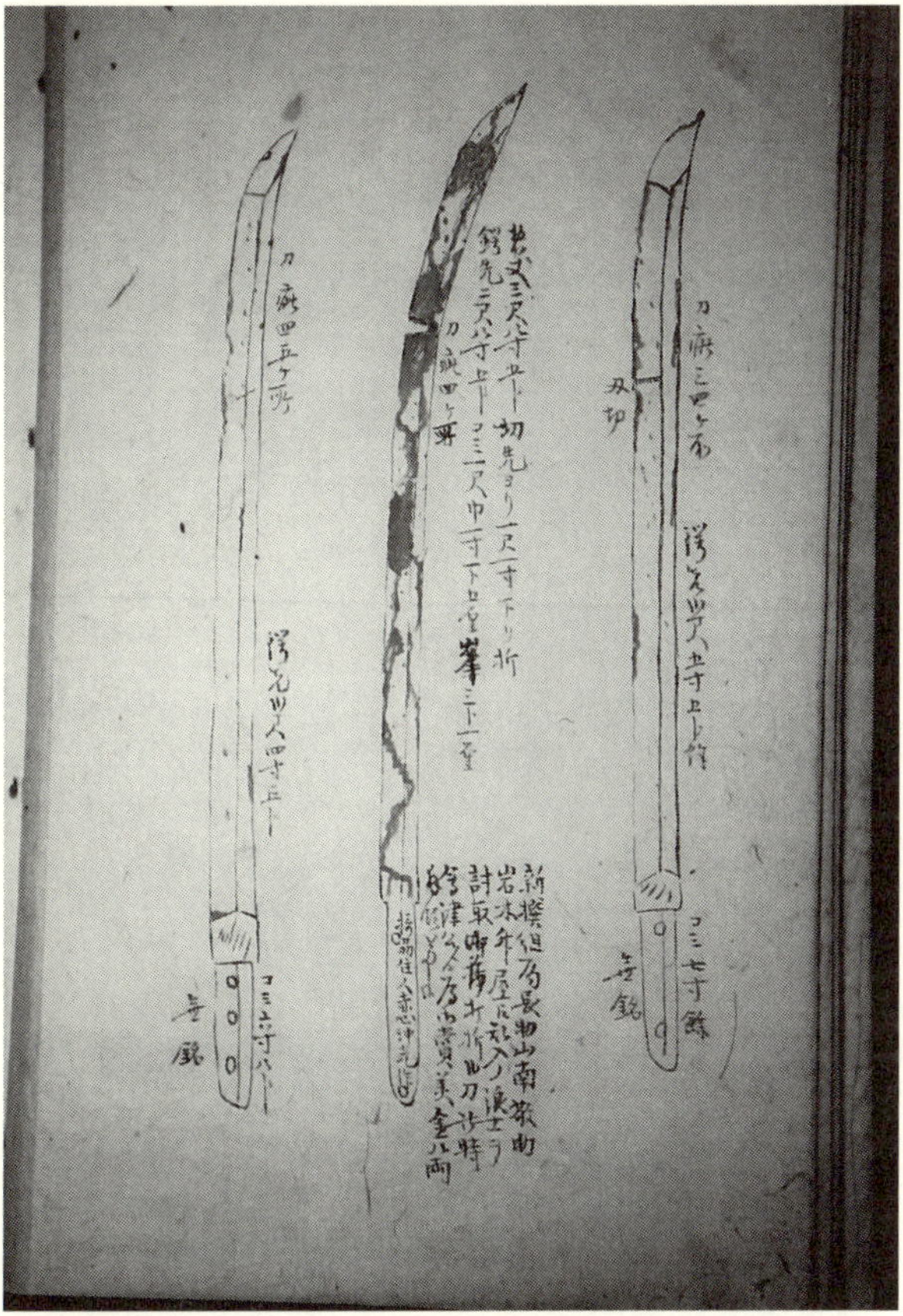

☗小島鹿之助著『異聞録』に収載された山南敬助の愛刀の押形図（小島資料館蔵）。

「大刀剣は上作をあい選びたく存じたてまつり候。もろき刀は武用にいささかもあい立ち申さず候。そのうち幸便にあい頼み剣類差し下し候。ご一覧これあるべく——」

これを読むと、近藤は実際に刀が折れた場面に出くわし、その刀を故郷の者に見せるために送ろうとしていることがわかる。

このことは、続く十一月二十九日付で故郷にあてた手紙にも同様に書かれている。

「あい損じ候刀をご覧に入れ候あいだ、ご一覧のうえ拙家へお遣《つか》わし置きになりくだされ候」

前便で書いた折れた刀は、まだ発送していなかったようで、再度、故郷に向けて送ろうとしている。近藤は、どうしてもこの折れた刀を故郷の者に見せたかったようだ。実戦とはこれほど熾烈《しれつ》なものだということを伝えようとしたのだろう。

おそらくは、このあと送られたであろう刀こそ、山南の佩刀であったに違いない。とすれば、岩城升屋事件が起きた年月は、近藤が手紙を書いた時点からそれほどさかのぼるとは思えないから、文久三年十月ごろと推定することができる。

近藤の虎徹は、そのとき岩城升屋から譲り受けたものだったのである。

二七 野口健司は死後どこに埋葬されたのか

芹沢鴨が暗殺されたとき、芹沢派のなかでただ一人、島原の角屋に残っていたために命拾いしたのが野口健司だった。芹沢派の残党となった野口は、その後も一人で在隊していたが、結局、十二月二十七日になって切腹させられた。

野口の最期について、八木為三郎はこう語っている。

「この人について、私はどうもはっきりした記憶がありませぬ。ただ痩《や》せた丈《たけ》の高い人だったような朧《おぼろ》げな気がします。この人も、文久三年十二月二十八日（ママ）には、とうとう切腹してしまいました。私どもは、もとより切腹したことも知りませんでしたし、なんのための切腹かも知りません。当時はただ、『隊内の規律を乱したからだ』というようなことをいっていました」

たった一人では何もできないということで、見逃されていたものと思われる野口だが、近藤勇らにとっては、やはり邪魔な存在であるのは変わりなかった。それで、ささいなことを理由に、隊規違反者として切腹させてしまったのだろう。

実は、この直前、近江《おうみ》（滋賀《しが》県）の中羽田《なかはねだ》村で、新選組の名を騙る水戸藩士が出没して騒ぎを起こすという事件が発生していた。野口と関係があったとも思えないが、隊内で水戸人といえば野口しかいない。そのため、強引に責任を取らされた可能性も考えられるのだ。

もっとも、本当に野口が事件に関与していたのか、ただのぬれぎぬだったのかは、今となってはわからない。しかし、少なくとも近藤らにとっては、野口を処分する絶好の機会ができたのは事実だった。

切腹は、屯所の前川邸の一室で行われた。介錯は安藤早太郎という隊士がつとめ、野口の首を斬《き》った直後に、八木家の餅《もち》つきを手伝ったという豪胆なエピソードが伝わっている。

まさか人を斬ったその手で餅をついているとは、八木源之丞、為三郎親子も知らなかったが、隊士林信太郎が二人にこう告げた。

「この男がね、今、野口さんの介錯をしましてね。うしろへ立っていてばさりっとやると、刀を渡してすぐにすうーとどこかへ消えてなくなったんですよ。どこへ行ったんだろうと思っていたら、もうこんなところへ来てこんなことをやっているんです。驚いた男です」

これを聞いて、八木親子も仰天したが、安藤は、

「林、よけいなことをいうな。せっかく忘れているものを――よ。ね、八木さん、きの

うまで同じ鍋の飯を食っていた先輩を斬るんですから、なんぼわれわれでもいい気持ちはしませんよ」

と不愉快そうな顔をした。それっきり、一同は気まずくなって黙り込んでしまったという。

この野口の遺体は、綾小路《あやのこうじ》通りの光縁寺《こうえんじ》に葬られた。

これ以前の新選組の死者、たとえば芹沢鴨や平山五郎らは、屯所に隣接する壬生寺に埋葬されていたが、野口のとき初めて光縁寺に依頼した。寺を変えた理由は伝わっていない。

光縁寺の過去帳には、野口の埋葬について次のように記載されている。

　姓国常州水府産　　頼越姓名
　野口健司殿　十二月廿七日　新選組内
　　　　　　　　　　馬越大太良殿
　　　　　　　　　　武田歓《（ママ）》柳斎殿

頼越《よりこし》姓名というのは、隊士の遺体を棺桶に入れて寺に運び、正式な埋葬依頼の口上《こうじょう》を述べる役目の者のことである。新選組では、隊士が死んで埋葬されるたびに、二名ほどの隊士にこの役目をつとめさせた。このときは、美男五人衆の一人の馬越大太良（三郎）と、新入隊士の武田観柳斎《かんりゅうさい》がつとめて光縁寺におもむいている。

さて、右の過去帳に明らかなように、野口の遺体は光縁寺に埋葬されたわけだが、どうしたことか墓は建てられていない。同寺の墓地には多くの新選組隊士の墓が建てられているが、野口の墓はないのだ。

それもそのはずで、実は野口の墓は壬生寺のほうにある。

壬生寺境内の新選組墓所には、芹沢鴨と平山五郎を並刻した墓のほかに、次のように七人の名が刻まれた合葬墓《がっそうぼ》が一基、現存する。

阿比原栄三良墓　文久三癸亥四月六日卒
田中伊織　墓　同　九月十三日卒
野口健司　墓　同　十二月廿八日卒
奥沢栄助　墓　元治元甲子六月五日卒
安藤早太良　墓　同　七月廿二日卒
新田革左衛門墓　同
葛山武八良　墓　同　九月六日卒

命日が一日ずれてはいるが、野口の名は三人目に確かに刻まれている。この七人のうち、葛山武八郎《かつらやまぶはちろう》も光縁寺に埋葬されたことがわかっている隊士で、合葬墓には壬生寺に葬られた者と光縁寺に葬られた者が、混在して刻銘《こくめい》されていることになる。

なぜ、そのような墓碑が建てられたのか。

考えられるのは、七人のうちで最後の葛山が死亡した時点で、別格の芹沢と平山をのぞいては、まだ誰も正式な墓碑が作られていなかったということだろう。墓地に埋葬こそしたものの、その上には木製の卒塔婆《そとば》だけが建てられて、墓石は作られていなかったと思われる。

それで、死者の数が増えた元治元年(一八六四)秋ごろになって、それまでの死者を一括して刻んだ墓石を作ろうということになったのではないか。

そのさい、光縁寺のほうに埋葬されていた野口と葛山もまだ墓石がなかったものと思われ、いい機会だからということで、彼らの名も一緒に刻銘されることになったのではないだろうか。

合葬墓の左側面には、

「魂魄帰天地　此生奈有涯　定知泉下鬼　応是護皇基」

という詩文が刻まれている。たとえ死んでも天皇を護る、といった意味であり、彼らの抱いていた尊王思想がうかがえる。隊士の墓石にこのような主義主張が刻まれる例はほかに見られないことから、この合葬墓は、一種の記念碑的なものであったともいうことができるだろう。

野口健司が埋葬されたのは、間違いなく光縁寺だった。にもかかわらず、墓のみが壬生寺に建立されていたのは、こうした経緯によるものだったのだ。

野口の死を最後の出来事として、文久三年は暮れた。年明けとともに、いよいよ京都は激動の時代に突入し、新選組の本格的な活動が始まるのである。

第三章　京都動乱

二八　旧友の日記に記された新選組の姿とは

元治《げんじ》元年（一八六四）一月二日、新選組総員は、二度目の上洛《じょうらく》をする将軍家茂《いえもち》の道中警護のために大坂へ下った。家茂は八日に海路大坂に到着し、十五日に上京して二条城に入るが、その間、新選組は警護の任務を忠実につとめている。

将軍上洛にさいしては、多くの幕臣が陸路で随行しており、そのなかに武州《ぶしゅう》多摩《たま》郡蓮《れん》光寺《こうじ》村の名主《なぬし》、富沢忠《ちゅう》右衛《え》門政恕《もんまさひろ》という人物の姿があった。富沢は農民であるが、地頭《じとう》天野雅次郎《まさじろう》が御書院番組頭《ごしょいんばんくみがしら》柴田能登守《のとのかみ》に従って上洛するにあたり、天野の用人《ようじん》格として同行したのだ。

この富沢は、多摩出身の近藤勇《いさみ》らとは顔見知りであった。それで、上洛中の出来事を記録した『旅硯九重《たびすずりここのえ》日記』には、京都での近藤らとの交流のようすが随所に記されている。

まず、一月十七日に入京した富沢は、職務が一段落した二月二日に、近藤らのいる壬《み》生《ぶ》を訪れた。ちょうどこの日は、近藤が会津《あいづ》藩の御用で不在だったものの、土方歳三《ひじかたとしぞう》、井上源三郎《げんざぶろう》、沖田総司《そうじ》が応対し、再会を祝して酒を酌《く》み交《か》わした。

宴席には、ほかにも新選組の幹部が同席していたが、旧知の者のうち、山南敬助《やまなみけいすけ》が顔を見せていない。富沢の日記によれば、「山南は病に臥《ふ》し逢わず」とのことだった。この時期、山南は病気にかかっていたというのだ。

留守をしていた近藤は、翌三日に富沢の宿を訪ね、前日の不在をわびて旧交をあたためた。ところが、その直後に、こんな事件が起こった。

富沢とともに上洛した江坂勝衛《かつえ》という者は、酒乱で素行不良であったために暇をいいわたされていたが、その後も京都にとどまっていた。それが六日の深夜、五条橋付近の遊郭《ゆうかく》で、またしても酒に酔って乱暴をはたらいたところを、折よく通りかかった新選組の巡察隊に取り押さえられたのだった。

七日朝、井上源三郎からこのことを知らされた富沢は驚いて、八日に壬生まで江坂の身柄を引き取りに行っている。身内の恥を京都でさらすことになった富沢は、十一日にあらためて壬生を訪れ、新選組の手をわずらわせたことに陳謝《ちんしゃ》した。

事件は一件落着し、その後も富沢は新選組の者と対面をかさねた。三月三日の桃花《とうか》の節句《せっく》のさいには、土方、井上と祇園《ぎおん》の二軒茶屋で酒宴。同五日にも、近藤、土方、井上、沖田、藤堂に誘われて、島原《しまばら》の木津屋《きづや》で桃花の宴を催した。この日は、光扇太夫、金太夫、光綾太夫といった名妓《めいぎ》をはじめ、三十余人の芸妓《げいぎ》、舞子《まいこ》をあげての大宴会となった。

ここで、右の芸妓のなかに金太夫の名があるのが注目される。

金太夫は、明治二十三年発行の『江戸会誌』で、鳥居華村《とりいかそん》という人物が隊士島田魁《かい》から聞いた話として出てくる女性だ。

「(近藤は) 島原木津屋抱《かか》へ金太夫に馴染《なじみ》て通ひしなり。此《この》金太夫は当時有名の美人にて、年齢二十三歳なりし」

江戸に妻子のある近藤だったが、京都では遊郭の女性を相手によく遊んだ。馴染みの遊女も何人もあり、金太夫もその一人であったという。

この金太夫の存在については、『江戸会誌』の記事によって知られていたが、近藤が実際に彼女と逢っていた記録はこれまでなかった。その点で富沢政恕の日記は、島田魁の話を裏付ける貴重な証拠となったのである。

もちろん、元治元年二月のこの時点では、近藤は金持ちであったわけではなく、大物であったわけでもない。京都でも指折りの美人だった二十三歳の金太夫にとっては、ただの客の一人に過ぎなかったに違いない。

しかし、やがて起こる池田屋事件によって、近藤の名は一躍有名になり、経済的にも余裕ができる。そうなってはじめて二人は釣り合いがとれ、相思相愛の仲となっていったことだろう。

なお、木津屋の遊女のなかで、富沢の相手となったのは光扇太夫だった。富沢は彼女を一度で気に入ったらしく、後日、大坂名物の眉掃《まゆは》き(化粧道具)を贈ったりしている。

もちろん恋文と一緒にであり、末尾にはしゃれた恋歌も書き添えた。富沢は、なかなかの遊び上手だったようだ。

このあと三月十一日には、近藤、土方、井上、沖田、藤堂、それに武田観柳斎《かんりゅうさい》といった面々が島原の千紅万紫楼に富沢を誘ったが、昼間はあいにくの二条城勤務のために出席することができず、一同は夜になって木津屋で合流した。日記には詳細は記されていないが、この日も近藤は金太夫、富沢は光扇太夫を相方《あいかた》にしていたことだろう。

やがて富沢の任務も終了となり、江戸に帰ることになった。別れを惜しんだ新選組の者は、四月十一日に千紅万紫楼で送別会を行い、近藤、土方、井上、沖田らが出席した。

土方と井上は、富沢が十三日に京都を出立するときにも見送りに出向き、伏見《ふしみ》まで同行している。こうした新選組からの手厚い歓迎のうちに過ぎた、富沢の京都での三か月間だった。

ただし、この間、ついに富沢は山南に会うことはできなかった。病気というのは、それほど重いものだったのだろうか。あるいは、病気ではなく、岩城升屋《いわきますや》での浪士退治のさいに負った左腕の怪我が意外に重傷だったのだろうか。

いや、それならば面会ぐらいはできるはずだ。やはり何か、別の病気としか考えることはできない。気になる山南の病名については、後段であらためて検証してみたい。

二九　新選組に男色がはやっていたのは本当か

元治元年（一八六四）一月以来、滞京していた将軍家茂だったが、期待された攘夷《じょうい》の実行はならず、五月にむなしく江戸へ帰還することになった。

近藤勇の失望も大きく、五月三日、会津藩公用《こうよう》局を通じ、老中《ろうじゅう》に対して次のような主旨の上書《じょうしょ》を提出した。

「われわれの本意は市中見廻りなどではなく、攘夷の先鋒となることにある。もし将軍が攘夷の決断をせずに江戸に帰るようなことになれば、新選組の結束もおぼつかないから、いっそ解散を命じてほしい」

かなり過激な意見である。せっかく活動が軌道に乗った新選組の解散をちらつかせてまで、攘夷の断行を主張する近藤だった。

しかし、これを幕閣《ばっかく》が認めるはずもなく、大坂月番《つきばん》老中の酒井雅楽頭《うたのかみ》は、京都の治安維持のためには、まだ新選組の力がどうしても必要であるからと近藤をさとした。

近藤は、しぶしぶこれを了承し、五月七日に二条城を出て下坂《げはん》する家茂の道中を、新選組に護衛させた。十六日に天保山《てんぽうざん》沖から軍艦で出航した家茂は、二十日に江戸へ帰還する。

近藤が、市中見廻りという任務を嫌った理由は、それが「不浄役人《ふじよう》」の仕事であるということにもあった。

江戸でも京都でも、町奉行所《まちぶぎようしよ》という警察組織があるが、そこにつとめる与力《よりき》、同心《どうしん》たちは一般に不浄役人と呼ばれた。犯罪者というものは汚れた存在であり、それに日常的に接している役人もまた不浄の者として扱われたのだ。

犯罪者を捕らえることは平和のために必要なことであり、それに従事する者は立派な人間ではないか、などといってみても仕方がない。それはあくまでも現代的な感覚であり、古来からわが国では、不浄というものに対して特別な意識がもたれてきたのである。

前年に京都に残留するときには、みずから進んでこの役目を申し出た近藤だったが、あれから一年たってみると、自分たちの仕事に不満がつのるようになった。もともと尊《そん》王《のう》攘夷という高い志《こころざし》を抱いていたはずなのに、現実にやっていることは町奉行所とさほど変わりがない。

これでは、念願の武士になれたとはいっても、男子の本懐《ほんかい》にはほど遠いのではないか。

そんな近藤の意識の高さが、今回の進退伺いともいえる上書に込められたのだろう。

だから、あるいは新選組の現状について、ほかの隊士たちは近藤ほどには危機感をもっていなかったかもしれない。老中酒井雅楽頭から直々に慰留されたことで、近藤が思いとどまったからよかったものの、新選組はあやうく解散となり、隊士たちは職を失うところだったのである。

ところで、こういった京都における情勢を、近藤は五月二十日付で、武州多摩郡柴崎《しばさき》村の友人中島次郎兵衛《じろべえ》に書き送っているが、手紙の追伸部分に興味深い一節がある。

「局中、しきりに男色《だんしょく》流行つかまつり候」

なんと、このころ、隊内で男色（同性愛）が流行していたというのだ。

新選組内で男色が行われていたことは、『新選組物語』（子母沢寛《しもざわかん》著）にも武田観柳斎と馬越《まごし》三郎の話として書かれているので、目新しい話ではないが、『物語』の記述にはフィクションが多く、どこまでが事実かわからないところがあった。それが、同時代史料である近藤の手紙によって裏付けられたことになる。

では、近藤を悩ませた同性愛者たちというのは、本当に武田と馬越だったのだろうか。

「この嫌われ者の武田が、深く思いをかけた美少年が阿州《あしゅう》徳島の浪士で馬越三郎、まだ十六であった」

などと『物語』には記されているが、鵜呑《うの》みにすることはできない。この話は、同じく子母沢寛による先行作の『新選組始末記《しまつき》』、『新選組遺聞《いぶん》』には出ていないため、創作されたものであった可能性も多分にあるのだ。

何かほかに証拠となるものはないのか。

あるいは記憶力のいい読者の方は、すでにお気づきかもしれない。

その証拠となりうるものが、本書の第二章、「野口健司は死後どこに埋葬されたのか」の項にすでに掲げてある。

遺体を光縁寺《こうえんじ》に運び、埋葬依頼をする役目の者を頼越人といったが、野口のときにこれをつとめたのが「武田観柳斎」と「馬越大太郎」の二人だったのだ。馬越大太郎とは三郎のことであり、二人は仲良く（？）この役目をつとめているのである。

もっとも、このとき行動をともにしたからといって、男色関係の証拠となるわけではない。しかし、ポイントとなるのは、子母沢寛は光縁寺の過去帳を目にしたことがないと思われることだ。子母沢の新選組三部作を読むかぎり、光縁寺の過去帳を実見《じっけん》している形跡はまったくない。

したがって、過去帳に並んだ二人の名を見て、創作のイメージをふくらませたということもないのである。とすれば、隊内の男色のエピソードを書くにあたり、武田と馬越という人選がされたのは、八木為三郎から聞いた「実話」であったからということにほかならない。

そして、その二人が確かに行動をともにしたという記録が残っているのだ。単なる偶然として片付けられないものがあるだろう。

ただし、『物語』によれば、武田の馬越への想いはかなりのものであったようだが、馬越がそれを受け入れたとは書かれていない。懸命に拒み続け、そのまま脱隊して故郷に帰ったとされている。

これが本当ならば、それほどの問題でもなかったように思えるが、近藤の手紙をよく読むと、「しきりに男色流行」となっている。男色は一組だけではなく、隊内で「流行」していたのである。この理解しがたい風俗に、隊を預かる近藤の気苦労は絶えなかったことだろう。

三〇　池田屋事件に出動した隊士がわずか三十四人だったのはなぜか

前年の政変で京都を追われた尊攘《そんじょう》派は、元治元年（一八六四）に入ると巻き返しに転じた。表向きは京都に入れない彼らは、ひそかに町人に変装して市中に潜伏し、反撃の機会をねらっていた。

四月下旬にこの動きを察知した新選組は、諸士《しょし》調役《しらべやく》兼監察《かんさつ》の山崎烝《すすむ》、島田魁、浅野薫《かおる》（藤太郎《とうたろう》）、川島勝司《かつじ》を市中に放ち、徹底的な探索を命じた。そして六月初旬、ついに肥《ひ》後《ご》脱藩の大物志士宮部鼎蔵《ていぞう》の潜伏場所が、四条小橋《こばし》西入《い》ル真町《しんまち》で薪炭商を営む桝屋喜《ますやき》右衛門《えもん》方であることをつきとめた。

六月五日午前八時、武田観柳斎以下八人が出動し、桝屋へ向かった。武田は男色家との噂もある男だったが、実力を認められて指揮官の一人となっていた。

しかし、武田らが桝屋に踏み込んだとき、そこにはすでに宮部はいなかった。いちはやく危機を察知し、桝屋を出て長州《ちょうしゅう》藩邸へ移っていたのだ。

逃げ遅れた主人の喜右衛門は、手早く機密書類を火中に投じようとするが、隊士たちに取り押さえられる。

邸内からは、菰《こも》で包んだ鉄砲四、五挺《ちょう》、具足《ぐそく》十両《りょう》、桶《おけ》や竹に詰めた大量の火薬などが見つかった。また、中岡慎太郎《しんたろう》、北添佶磨《きたぞえきつま》、望月亀弥太《かめやた》、寺島忠三郎《ちゅうざぶろう》、杉山松介《まつすけ》といった諸藩の志士からの手紙も発見され、そのなかには「過日打ち合わせたとおり、烈風を機会とする」などと書かれた断簡《だんかん》もあった。

さらに不審であったのは、「會《かい》」の文字の入った提灯《ちょうちん》が数個発見されたことだ。「會」は、いうまでもなく会津《あいづ》藩の印《しるし》で、そんなものがなぜ桝屋に用意されていたのか。

新選組は、押収の証拠物件をとりあえず桝屋の土蔵《どぞう》に押し込み、固く封印して、喜右衛門を壬生《みぶ》の屯所《とんしょ》へ連行した。

屯所の前川邸では、この不審人物に対して、近藤勇と土方歳三が直々に取り調べを行った。いったい尊攘派浪士たちは何をたくらんでいるのか。近藤はみずから鞭で打って訊問《じんもん》したが、喜右衛門は背中が裂けても歯をくいしばって耐え、何も白状しない。

土方も手にあまし、ついに最後の手段に出た。まず喜右衛門の両手をうしろにまわして縛り、梁《はり》へ逆さにつるし上げた。そして、足の裏に五寸釘を突き刺し、それに百目《ひゃくめ》ろうそくを立てて火をともした。

やがて、ろうが溶けて傷口に流れ込み、すさまじい激痛が喜右衛門を襲った。

この苛酷な拷問には、さすがの喜右衛門も耐えかね、一時間ばかりも苦しんだすえに、陰謀のすべてを白状した。

それによれば、桝屋喜右衛門の正体は、近江《おうみ》（滋賀《しが》県）古高《ふるたか》村出身の浪士、古高俊太《しゅんた》郎《ろう》といった。京都に出て商家桝屋の養子となり、その跡を継いでいたが、昨年あたりから諸藩の尊攘派浪士と交わるようになった。

そして、この桝屋を含めて市中のいたるところに四十人ほどの浪士が潜伏しており、ひそかに挙兵の計画をくわだてているという。

計画というのは、来る六月二十日前後の烈風の夜を選び、御所《ごしょ》の風上に火を放つ。その混乱に乗じて、公武合体派の中川宮《なかがわのみや》を幽閉《ゆうへい》し、京都守護職の松平容保《かたもり》を討ち果たしたのち、天皇を長州へつれ去るというものである。

陰謀を聞かされ、近藤も土方も驚愕した。確かに桝屋の邸内からは、大量の火薬が発見されている。会津藩の印の入った提灯も、挙兵のために利用しようというのだろう。御所焼き打ちの計画は着々と進められていたのだった。

このとき、町役人が急報をもって屯所にやってきた。封印したはずの桝屋の土蔵が何者かに破られ、中の武器類が奪取されたというのだ。

もはや一刻の猶予《ゆうよ》もゆるされない。ただちに出動し、市中に潜伏する浪士を片っ端から捕らえる必要がある。近藤は使者を会津藩邸に走らせ、事態を報告するとともに応援の兵を依頼した。

なぜ援兵が必要であったかというと、実は新選組では四、五日前に八人の隊士の脱走があり、隊士数が四十二人ほどに減っていたのだ。もちろん、前年に作成された隊規では脱走を固く禁じており、そのことは隊外にまで知れわたっていた。当時の市中の風聞書に、このように書かれたものがある。

「壬生浪士掟《おきて》は、出奔《しゅっぽん》せしものは見つけしだい同志にて討ち果たし申すべしとの定めの趣《おもむき》」(『元治元年甲子六月初旬より京地騒々敷《そうぞうしき》風聞々取書』)

しかし、この忙しいときに集団で脱走されては、追っ手を差し向けるのもままならない。隊規が有名無実になるおそれはあったが、やむなく見逃すしかなかったのである。

しかも、この日、四十二人全員が動けるわけではなかった。山南敬助、山崎烝、尾形《おがた》俊太郎、尾関《おぜき》雅次郎、山野八十八《やそはち》、柳田三次郎《さんじろう》らが何らかの理由で出動できず、当日の可動隊士は、わずか三十六人であった。

彼らが出動できなかった理由はわかっていないが、『肥後藩国事史料』にはこう書かれている。

「新選組中にも段々病人これあり少人数につき——」

病人があったために人数が少なかったというのだ。これが正確な情報であれば、右の六人はそろって病気であったということになる。もっとも、現代と違って衛生状態が悪く、医療技術も発達していなかった時代のことだ。隊内にはたえず何人かの病人がいたとみるほうが自然だろう。

このうち山南敬助は、前述したように、以前から病に伏せっていた。旧知の富沢政恕がはるばる訪ねてきたときでさえ、顔もみせられないほどであったのだから、病状は本当に思わしくなかったのである。

また山崎烝は、『壬生浪士始末記』（西村兼文著）によれば、あらかじめ浪士の集合している池田屋《いけだや》に潜入して大活躍したことになっているが、事実ではない。事前の探索には加わっていたものの、事件当日は参戦した形跡がまったくないのだ。山崎の活躍はフィクションとみるほかないだろう。

新選組からの報告を受けた会津藩の手配で、桑名《くわな》藩、彦根《ひこね》藩、備中《びっちゅう》松山藩、一橋《ひとつばし》家、町奉行所からも応援の兵が派遣されることになった。諸藩兵との集合時刻は午後八時、場所は祇園石段下の町会所《まちかいしょ》。新選組は小人数ずつ目立たぬように屯所を出て、夕方までに町会所に集合した。

しかし、新選組始まって以来の大捕物におそれをなしたのか、屯所は出たものの、ついに集合場所に姿を現さなかった者もあった。馬詰信十郎《まづめしんじゅうろう》と柳太郎《りゅうたろう》の親子だ。

父の信十郎は柳元斎《りゅうげんさい》ともいい、四十五、六歳の平凡な人物。息子の柳太郎は神威斎《しんいさい》といい、二十歳になったばかりの美男子で、隊中美男五人衆の一人に数えられていた。

この柳太郎の姿が、出動前の屯所で八木為三郎に目撃されている。白いかたびらの下に撃剣《げきけん》用の竹胴を着込んでいた柳太郎を見て、

「どうしたんですか、そんなものを着込んで」

と為三郎が尋ねると、柳太郎は、

「これからみんなで京都の道場荒らしに出かけるのだ」

と答えたという。むろん、道場荒らしというのは嘘だったが、この会話を最後に、馬詰父子は隊から姿を消してしまう。出動のどさくさにまぎれて脱走してしまったのだろう。

馬詰父子の脱走理由については別の説もあって、息子の柳太郎は美男ではあったが気が弱く、ほかの隊士たちのように遊郭の女性と遊ぶことが苦手だった。それで、新選組第三の屯所である南部亀次郎家で働く子守女《こもり》に手を出したのだという。

これは誰も相手にしないような不美人であったが、柳太郎と関係して、すぐに妊娠してしまった。

子守女のお腹が大きくなったことで二人の関係が隊内に知れ、隊士たちの失笑をかうやら、からかわれるやらで、どうにも居づらくなった柳太郎は、やがて父とともに隊を脱走してしまったと伝えられる。

おそらくはどちらの説も事実なのだろう。女性問題で隊をやめたいと思っていた矢先に池田屋事件が起こり、それをきっかけに脱走に踏み切ったというあたりが真相ではないだろうか。

ともあれ、これで人数はさらに二人減って三十四人となった。戦力的にはさほど期待できない馬詰父子とはいえ、猫の手も借りたいときであったから、新選組にとっては痛手だった。

三一　近藤勇は池田屋のどの階段を昇ったのか

御所焼き打ちの陰謀をくわだてる尊攘派浪士を一網打尽にするため、新選組は祇園町会所で諸藩からの応援の兵を待っていた。

しかし、日暮れどきになっても援兵は一向に現れる気配がなかった。泰平の世に慣れきった諸藩士たちには、ここ一番というときの機動力が決定的に欠けていたのだ。

このままでは、浪士を捕らえる絶好の機会を逃すことになる。実際には、申し合わせた集合時刻までにはまだ間があったのだが、大捕物を前に気がせいている近藤勇、土方歳三にとっては長い間に感じられた。

午後七時ごろ、ついに近藤は決断した。援兵の到着を待たずに新選組だけで市中探索を開始するというのだ。

効率よく探索を進めるため、三十四人の隊士は二分された。近藤が率いる一隊は、沖田総司、永倉《ながくら》新八、藤堂平助《へいすけ》らの十人。土方にまかせたもう一隊には、井上源三郎、原田左之助《さのすけ》、斎藤一ら二十四人が配属された。この土方隊は、状況に応じてさらに二つに分割され、井上が一隊を率いることになっていた。

探索地域の分担は、市中を南北に流れる鴨川《かもがわ》を境にして西側が近藤隊、東側が土方隊と決められた。近藤隊はおもに木屋町《きやまち》通り、土方隊は縄手《なわて》通りを、それぞれ四条から三条に北上しながら探索することになる。

一般に、土方隊が向かった先は、三条木屋町上《あが》ルの旅宿四国屋重兵衛《しこくやじゅうべえ》方であったとされているが、まったくの誤りである。そのように記された史料は存在しないし、近藤が事件後に書いた手紙にも、

「三条小橋、縄手、二か所たむろいたしおり候ところへ、二手に分かれ——」

と明記されている。土方隊が向かったのが、鴨川東の縄手通り方面であったことは異論をはさむ余地もないだろう。

では、四国屋説はいつからいわれるようになったのか。これについて私は以前、『完全制覇新選組』(立風書房)のなかで、昭和三年の『新選組始末記』(子母沢寛著)の記述が初出なのではないかと推定した。

「そのうちに、二た手に別れて、近くの四国屋重兵衛という旅宿を襲った土方組が、そこにはだれもいなかったので、どやどやと池田屋へ馳《は》せつけて来た」

という部分だ。しかし、よく調べてみると、それより以前になる大正元年の『維新土《と》佐勤王史《さきんのうし》』に次の記述があることがわかった。

「四国屋に向ひし土方歳三の一隊、志士の影を見ざるより——」

ここにはっきりと土方隊が四国屋に向かったことが記されている。四国屋説の出どころは、この『維新土佐勤王史』であったとみていいだろう。これを踏襲《とうしゅう》した『始末記』によって、四国屋説は広く一般に浸透し、現在にいたっているのだった。

結果的に、土方隊が探索した縄手方面に浪士は潜伏しておらず、やがて彼らは鴨川を西に渡って近藤隊と合流する。

一方、近藤隊のほうは、木屋町通りを北上しながら取り調べを続け、午後十時ごろになって三条通りに出た。

三条小橋を渡って三軒目に旅宿池田屋がある。間口《まぐち》三間半《げんはん》(約六・三メートル)の奥行き十五間(約二十七メートル)、どちらかといえば小さめな旅宿だった。軒先《のきさき》の看板には、長州藩と同じ「一文字に三つ星」の紋《もん》が入っている。これは、池田屋の主人惣兵《そうべ》衛《え》が長州の出身であり、同店が長州藩の定宿《じょうやど》というあかしでもあった。

もちろん、この夜の要注意地点の一つだったが、そんなあやしい店に、まさか本当に浪士たちが潜んでいようとは、新選組も思っていなかっただろう。

近藤は、池田屋の表口と裏口を固めさせ、沖田総司、永倉新八、藤堂平助といった腕利きの剣客《けんかく》を率いて、たった四人で屋内に踏み込んだ。

沖田がふと見ると、軒下に鉄砲や槍が立てかけてあったので、持参の縄で手早く縛り上げる。決死の斬り込みを前にしながら、落ち着いた沖田の行動だった。

そして、近藤が店の者に向かっていいはなった。

「主人はおるか、御用改めであるぞ」

これを聞いた主人の惣兵衛は仰天し、二階へ続く階段に駆け寄って、「みなさま、旅客調べでございます」と大声で危機を告げた。

浪士たちが二階にいることが、これで確実になった。近藤は、愛刀虎徹《こてつ》の鞘《さや》を払い、階段を駆け上がる。

こうして池田屋での戦闘が始まったのである。

しかし、ここで一つの問題が持ち上がった。

池田屋には、玄関を入ってすぐのところに二階への階段があり、近藤はこれを昇って浪士たちと戦ったということになっている。ところが、現場にいた永倉新八の証言によれば、状況が少し違うのだ。

『七ヶ所手負場所顕《あらわ》ス』という永倉の自筆手記があり、それには新選組の襲撃を知った池田屋惣兵衛の行動が、このように記されている。

「亭主驚き奥へ馳せ込み、跡をつけて行く。二階上がり、長州藩に御用御改めと申す」

また、やはり永倉の手記である『浪士文久《ぶんきゅう》報国記事』にも、同じような記述がみられる。

「亭主驚き奥の二階へ去り、跡をただちにつけ参る」

惣兵衛はまず奥のほうに去ってから、二階への階段を上がった。そして、そのあとを近藤が追ったというのだ。入口付近の階段を昇ったのでは、このような表現にはならないだろう。

池田屋には、有名な表階段のほかに、裏口付近に「裏階段」があったことが知られている。玄関から土間をまっすぐ通り抜けた右手に、手前から奥へ向けてかかっていた階段だ。永倉によれば、惣兵衛が二階に危機を報じたのは、この裏階段からであったということになる。

通説の表階段の印象があまりにも強烈であるため、にわかには信じがたいが、現場にいた当事者の証言なのだから軽視すべきではない。近藤は、実は裏階段を昇ったのだろう。池田屋に踏み込んですぐに階段を駆け上がるという名場面が否定されるのは残念だが、それが事実とすれば、やむをえないことだ。

また、惣兵衛が表階段ではなく、わざわざ裏階段まで行ったということは、浪士たちの集合していた部屋も通説とは違っていたことを意味している。通説では、表階段に直結していた八畳と六畳の表二間ということになっているが、もともと浪士たちがいたのがどの部屋であったのかは、はっきりしていなかった。

つまり、表階段から危機を知らせたから表二間と推定されただけであって、それが裏階段であったとなれば、自然、浪士たちのいた部屋も二階の奥のほうの部屋であったと

●池田屋見取図

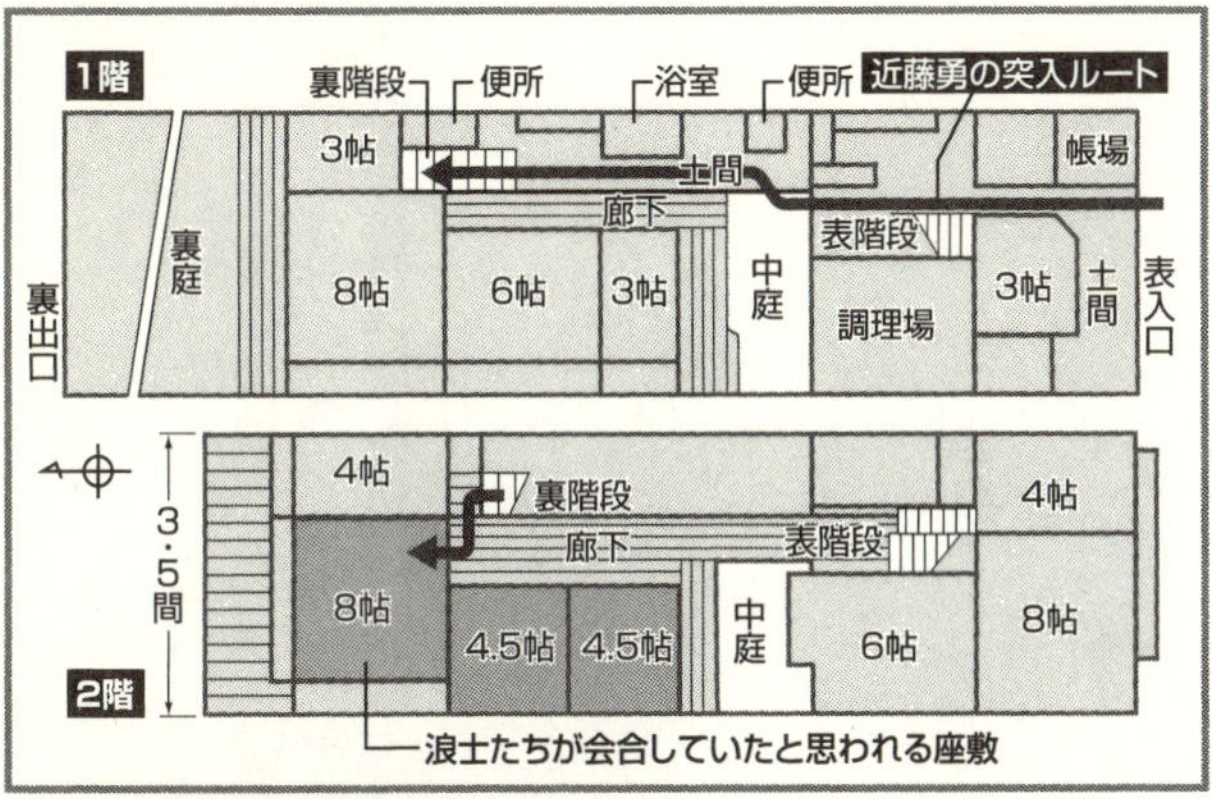

☗池田屋跡より三条大橋方面を望む。

考えざるをえない。

池田屋の見取り図によれば、二階の裏手には八畳を中心に四つの客室があり、実はこれらの部屋に浪士たちは集合していたものと思われる。もとより秘密の集会であったのだから、場所は表通りに面した部屋よりも、人目につきにくい奥まった部屋を選ぶのは当然のことであったかもしれない。

浪士たちの部屋は池田屋の二階奥にあり、近藤が駆け上がったのは裏階段だった。通説は、そう訂正されなければならないだろう。

三一　沖田総司は池田屋で結核のために倒れたのか

池田屋の二階には二十人ほどの浪士が集まっていた。近藤勇は、階段を上がって初めてそれを知ったが、ひるむことなくいいはなった。

「御用改めだ。無礼いたせば容赦なく斬り捨てる」

突然の襲撃に気づいた浪士たちの多くは、窓から裏庭に飛び降りて逃げようとする。池田屋の裏口は、何人かの新選組隊士によって固められていたはずだが、結果的に数人の浪士の逃亡をゆるしてしまった。裏口にまわすことのできる人数は三人程度であったはずで、それでは多人数の逃亡者を阻止するのは不可能といえた。

当夜の戦闘によって、新選組では奥沢栄助《おくざわえいすけ》が即死、安藤早太郎《はやたろう》と新田革左衛門《にったかくざえもん》が負傷後に死亡という三人の犠牲者を出すことになるが、彼らが裏口の守備要員であった可能性は高い。

安藤早太郎は野口健司《けんじ》を介錯《かいしゃく》したときの逸話が印象深いが、剣術はそれほどではなく、奥沢栄助と新田革左衛門についても、とくに腕が立ったという話はない。必死で逃げようとする浪士たちによって、あえなく斃《たお》されてしまったのだろう。

一方、二階の座敷には、逃げ遅れた数人の浪士が抜刀して身がまえていたが、近藤に続いて階段を上がった沖田総司がこれに立ち合った。

そして、近藤に向かって、

「この敵は私が引き受けた」

と声をかけ、階下の敵を追うように頼んだ。数人の敵ならば自分一人でどうにかできる自信があったから、裏庭に逃げた逃亡者を阻止することを、沖田はまず考えたのだった。

近藤は、いうとおりにして二階をまかせ、自分は階段を駆け降りた。実力では近藤を上まわるといわれた沖田だ。この新選組最強の剣客にかなう敵のあるはずもなく、たちまちのうちに一人の浪士が斬り伏せられる。

しかし、このあと突然、沖田は体調に異常を感じた。激しく咳き込み、呼吸ができなくなる。肺結核《はいけっかく》の発作《ほっさ》だった。

沖田の体をいつしかむしばんでいた病魔が、姿を現したのだ。決死の斬り込みという息詰まるような緊張感が、病んだ肺の血管を破裂させたのだろうか。戦闘不能になった沖田は、その場に倒れこんでしまう。

まさに絶体絶命の危機となったが、最初に一人を斬った剣の冴えにおそれをなしたのか、残りの浪士たちはみな戦いを避けて逃げていた。これが幸いして、沖田は命拾いしたかたちになったのである。

二階座敷から脱出した浪士たちは、裏庭とは反対側の中庭にも飛び降りた。階下には永倉新八と藤堂平助が待機しており、上から降ってきた浪士と戦闘となる。

ここに、沖田総司と並ぶ新選組随一《ずいいつ》の遣い手である永倉がいたことは、浪士たちにとっては不運だった。神道無念流《しんとうむねんりゅう》の剣が炸裂し、四人の浪士が倒されたという。

この四人という人数は永倉が自分で語ったものであるから、鵜呑みにするわけにはいかないが、それほど不自然な数字でもない。誇張があったとしても、わずかなものだろう。

現にもう一人の若武者、藤堂平助は、戦いの最中《さなか》に敵の斬撃を額に受ける深手《ふかで》を負っていた。傷はかろうじて致命傷にはならなかったが、流れ出る血が目に入り、戦闘の続行は不可能となる。

沖田に続いて、藤堂も戦線を離脱したことで、戦える者は近藤と永倉の二人だけとなってしまったのだ。いやでも永倉にかかる比重は大きくならざるをえなかった。

その永倉も、乱刃のなかで左手親指の付け根を削《そ》がれる負傷をし、刀も折れてしまったので、倒した敵の刀を奪って戦うありさまだった。近藤は無傷であったが、愛刀の虎徹は刃こぼれがひどく、斬れなくなっていた。

新選組が危機におちいったそのとき、ようやく土方歳三の一隊が池田屋に到着した。

一気に優位に立った新選組は、残りの浪士を討ち取り、あるいは捕縛する。そして、このころになってようやく七百人ほどの諸藩兵が応援にやってきて、池田屋の周囲を取り囲んだ。

勝敗はここに決した。新選組の命がけの奮闘によって御所焼き打ちという陰謀は阻止され、京都市中の平和は守られたのだ。

池田屋の内部からは、沖田と藤堂も救出された。彼らは隊を離れて祇園会所まで護送され、そこでしばらくの間、体を休めている。

新選組本隊はこのあと、諸藩兵と合同で市中の掃討《そうとう》戦を行い、不審人物を片っ端から捕縛する。「浪士狩り」は翌日の午前中まで続けられ、正午ごろになって、近藤以下の隊士たちは壬生に凱旋《がいせん》した。

隊士たちはみな返り血をあびていて、衣服は赤く染まっていた。浅葱《あさぎ》色に白く山形を抜いた羽織《はおり》は、すでに制服としては使用されなくなっていたが、古参の者が七、八人、陣羽織のようにして肩に引っかけていた。

もともと赤穂《あこう》義士にあやかって作成された山形模様の羽織であったが、この池田屋事件は新選組にとって、赤穂義士の吉良《きら》邸討ち入りにも匹敵する大一番となったのである。

ところで、当夜、無念の戦線離脱をした沖田総司について、一説には彼が結核に感染したのは、これよりあとの慶応三年（一八六七）であったともいわれている。

しかし、私はその説はとらない。

理由は、沖田が池田屋で結核のために倒れたことを証言しているのが、ほかならぬ永倉新八であるからだ。事件当夜、ともに命懸けで戦った同志のことを、病気になってもいないのに病気であるなどと語るはずがない。

沖田が倒れて戦線を離脱したことは、永倉にとって、相当印象深い出来事だったようで、維新後に永倉が著した手記などに幾度となく登場する。

「沖田が大奮闘のさいちゅうに持病の肺患が再発してうち倒れたので——」（『新撰組顚末記』）

「沖田総司俄《にわか》に持病が起こり拠《よんどころ》無く表へ出る」（『七ヶ所手負場所顕ス』）

「沖田総司病気にて会所へ引き取る」（『浪士文久報国記事』）

このうち『顚末記』は、新聞記者の手が入った記事であるため全幅の信頼を置くことはできないものの、ほかの二点は直筆である。永倉の認識がどのようなものであったかは明らかだ。

また、『浪士文久報国記事』では、池田屋事件の翌月に起きた禁門《きんもん》の変の箇所に注目すべき記述がある。

「病気に付《つき》引込居り代沖田総司《(ママ)》——」

つまり、沖田が病気のために禁門の変に出動できなかったというのだ。これは、従来伝えられていなかった事実であり、元治元年説を裏付ける貴重な証言といえる。

沖田が池田屋で結核を発症していたことは、もはや確実というべきだろう。

これに対して、沖田の発症を慶応三年とする説があるのだが、そのおもな論拠とされているのが、次の二点の史料だ。

「沖田総司は不動堂村へ転隊したるころより大病に患し、各士東退の後、間もなく死去す」（西村兼文『壬生浪士始末記』）

「丁卯二月羅疾《りしつ》」（小島鹿之助『両雄士伝』）

新選組屯所の不動堂村移転は慶応三年六月のことであり、また「丁卯」は慶応三年のことである。両史料は、ともに慶応三年の発病を語っており、六月と二月の違いはあるにせよ、ほぼ共通した認識が示されている。

しかし、仮にこれらの記述が正しいのだとしたら、永倉の証言はどうなってしまうのだろうか。池田屋で発症したという永倉の記憶は何かの間違いであったというのか。

その点について、慶応三年説では、いささか強引な解釈がなされている。すなわち、元治元年のときの病気は、結核ではない何か別の病気であったと。

私には、この解釈は理解できない。確かに別の病気であった可能性はゼロではないが、常識的にいってそれは考えにくい。それでもなお別の病気の可能性を持ち出すのは、単なるご都合主義でしかないのではないか。

加えていえば、大事な池田屋の戦闘の最中に、現場からリタイアしなければならないほどの病気とはいったい何か。この場合、結核以外にそのようなものがありうるのか。沖田の結核は、やはり元治元年六月以前に感染したものであり、慶応三年になって周囲の誰にもわかるほど悪化した。そう考えるべきだろう。

二三　池田屋で討死した七人、捕縛された二十三人はどのような顔ぶれか

池田屋事件において、尊攘派側では、宮部鼎蔵（肥後）、大高又次郎《おおたかまたじろう》（林田）、石川潤次郎《じゅんじろう》（土佐）、広岡浪秀《なみひで》（長州）、福岡祐次郎《ゆうじろう》（伊予《いよ》）の五人が、池田屋内部およびその周辺で討死した。

望月亀弥太《きやた》（土佐）は、池田屋から脱出するさいに捕方《とりかた》を二人斬殺し、路上に出て河《か》原町《わらまち》通りを北に駆けた。しかし、みずからも重傷を負っており、二条の角倉《すみのくら》屋敷のあたりで力尽き、自刃《じじん》して果てた。

吉田稔麿《としまろ》（長州）も脱出に成功したが、いったん長州藩邸にたどり着き、池田屋の変事を伝えたあと、急ぎ現場に引き返した。すると、すでに沿道は諸藩兵が固めていたため、途中の加賀《かが》藩邸付近で乱闘となり、そこで討死した。

事件を知った長州藩邸からは、杉山松介(長州)、加屋《かや》四郎(肥後)、中津彦太郎(肥後)の三人が飛び出し、同志の危機を救うべく池田屋へ向かったが、途中で警戒中の諸藩兵に出くわした。

そこで乱闘となり、加屋は手に、中津は顔面に軽傷を負って藩邸に逃げ帰ったが、杉

山は胸を刺され、右腕を切断される重傷を負った。命からがら藩邸に帰り着いた杉山は、「大変、御門非常お差し止め」と叫んで倒れ込んだ。

留守居役《るすい》の乃美織江《のみおりえ》がどうしたのかと尋ねると、「池田屋へ駆けつけるつもりだったのが、途中でこのしだいで残念です」と苦悶《くもん》しながら答えたという。結局、治療のかいなく翌日絶命した。

このほかに、首謀者の一人でもあった北添佶磨《きつま》（土佐）が討死しているのだが、状況がはっきりしていない。北添は当夜、時刻は不明ながら大仏下《だいぶつしも》河原町の自宅で、新選組の御用改めを受けたという記録が残っている。

家宅捜索の間のわずかな隙をつき、なんとか逃亡に成功したものの、結局、この夜のうちに市中のどこかで死亡した。したがって北添の場合、池田屋の集会に参加していなかった可能性が高く、おそらくは自宅から逃亡後に諸藩兵に包囲されて討死をとげたものと思われる。

池田屋事件における尊攘派の討死者は、杉山松介を含めれば九人ということになるが、そのほかに、事件とは無関係であった三人の志士が巻き添えを食って斬り死にした。

吉岡庄助《しょうすけ》（長州）は、河端《かわばた》四条下《さが》ルの近江屋まさ方で酒を飲んでいたところ、捕方に踏み込まれ、女将まさともども斬殺された。

また、野老山五吉郎《ところやまごきちろう》（土佐）と藤崎八郎（土佐）は、なにげなく三条大橋を渡っていると、いきなり大勢の捕吏《ほり》に取り囲まれた。野老山は脱出して長州藩邸に逃げ込んだものの、重傷のため二十七日に絶命した。藤崎も脱出に成功したが、大坂土佐藩邸に護送されたのちに自刃して果てている。

彼ら三人はあくまでも事件とは無関係だったが、大枠でとらえれば、以上の十二人が尊攘派側の討死者ということになる。

事件後の六月八日、近藤は故郷に手紙を書いた。文面には、決死の戦闘に勝利した喜びが綴《つづ》られており、そのなかで池田屋における戦果がこう記されている。

「打取《うちとり》七人、手疵《てきず》負わせ候もの四人、召捕《めしとり》二十三人、右は局中の手にて働き候」

新選組が討ち果たしたのは七人、捕縛したのは二十三人であったという。この人数は、池田屋事件における新選組の活躍を紹介するときによく引用されるものであるが、実は、七人と二十三人がどのような顔ぶれであったのかは明らかにされていない。

今までに出版された新選組関連の書籍のどれを見ても、その点を正確に記したものはないのだ。これは私の書いた本を含めてのことなので、あまり大きなことはいえないのだが、不明であった顔ぶれの確定に、今回はできるかぎりつとめてみたいと思う。

まず、「打取」の七人についてだが、前述の十二人のうち、巻き添え組の三人は除外されるとして、さらに杉山松介と吉田稔麿の二人が除かれるだろう。というのは、長州藩邸に逃げ込んで死んだ杉山はもちろんのこと、路上に倒れた吉田の遺体も翌朝、同藩邸に収容された記録があるからだ。

近藤のいう打取の七人とは、遺体が幕吏《ばくり》によって確認された者に限られるはずであり、そうであるならば、残る九人から二人を差し引いた七人がそのまま該当者となるだろう。

宮部鼎蔵（肥後）
大高又次郎（林田）
石川潤次郎（土佐）
広岡浪秀（長州）
福岡祐次郎（伊予）
望月亀弥太（土佐）
北添佶磨（土佐）

このうち福岡祐次郎については史料が乏しく、また北添佶磨の死亡状況がはっきりしないなどの問題も残っている。それでも、近藤の認識する七人が誰なのかを考えたとき、彼らのほかには該当する者がいないのも事実なのだ。

問題をややこしくしてしまったのは、事件後に彼らの遺体が、正確な姓名の特定をしないうちに三条縄手の三縁寺《さんえんじ》に葬られてしまったことにもよる。一応は池田屋の使用人を呼び出して、「これは宮部さん、これは大高さん」などと遺体の識別をさせたというが、店側が浪士の姓名すべてを把握していたはずはない。

現在、洛北《らくほく》岩倉に移転した三縁寺には、宮部、大高、石川、広岡、望月、北添のほか、吉田稔麿、杉山松介、松田重助《じゅうすけ》(肥後)の合計九人の慰霊碑が建立されている。これが埋葬者を正しく表したものでないことは明らかであり、実際には先にあげた七人が同寺に葬られたとみるべきだろう。

「打取」の七人はなんとか確定できた。しかし、問題は「召捕」の二十三人である。

これは、新選組のみの働きではなく、諸藩兵と合同で行った市中の掃討戦によるものと思われる。二十三人全員が池田屋事件の関係者であったとは思えず、少しでもあやしい者はみな捕縛の対象とされてしまったようだ。

その顔ぶれは伝わっていないのだが、実は『同方会誌』という史料に、事件の関係者として六月中に町奉行所に引き渡された者の名簿が載っている。ただし、浪士狩りは事件後も数日間続けられていたため、ここには二十三人よりもはるかに多い三十六人の姓名がかかげられている。

そこで、このなかから明らかに後日に捕縛された者を除外してみると、興味深い結果が出た。求める二十三人にかぎりなく近い、二十四人の姓名が判明したのだ。

大高忠兵衛（林田）　西川耕蔵《こうぞう》（京都）　松田重助（肥後）
大中主膳《おおなかしゅぜん》（大和《やまと》）　瀬尾幸十郎《こうじゅうろう》（美作《みまさか》）　沢井帯刀《たてわき》（大和）
山田虎之助《とらのすけ》（長州）　和泉屋《いずみや》重助（町人）　丹波屋《たんばや》次郎兵衛（町人）
丹波屋万助《まんすけ》（町人）　木村甚五郎《じんごろう》（長州）　安藤越二（美作）
池田屋彦助（町人）　佐伯稜威雄《いつお》（長州）　森主計《かずえ》（京都）
内山太郎右衛門（長州）　近江屋きん（町人）　佐藤一郎（長州）
今井三郎右衛門（豊岡《とよおか》）　松下喜三郎（町人）　近江屋とき（町人）
吉兵衛（町人）　近江屋宇兵衛《うへえ》（町人）　勇助《ゆうすけ》（長州藩邸門番）

以上の二十四人である。

松田重助は、よく池田屋事件における討死者と間違われるが、正確には捕縛された者であり、重傷のために六月八日に獄中で没している。また大高忠兵衛はのちに獄死し、西川耕蔵、山田虎之助、佐伯稜威雄、佐藤一郎、内山太郎右衛門、今井三郎右衛門は処刑された。

右のなかには、武士だけでなく、町人が多く含まれていることが注目される。彼ら商人や女性たちも本当に焼き打ち計画の一味だったのかどうか。確実な証拠のないまま、片っ端から捕縛したという印象さえ受ける。その後の調書のようなものは残されていないが、なかには、しばらくの拘留《こうりゅう》ののちに嫌疑《けんぎ》がはれて釈放された者もあったかもしれない。

いずれにしても、右の二十四人が、近藤のいう二十三人とほぼ同一の顔ぶれであった可能性はきわめて高いだろう。まだ検証を加える余地は残されているが、従来まったく判明していなかった二十三人の顔ぶれに、これでかなり迫ることができたのではないだろうか。

なお、池田屋事件においては、前述したように現場から脱出に成功した者が何人かいる。もとより秘密の集会であったため、その全員を把握することは難しいが、すでに判明している顔ぶれは以下のとおりである。

宮部春蔵（肥後）
有吉熊次郎《ありよしくまじろう》（長州）
安藤鉄馬《てつま》（美作）
渕上郁太郎《ふちのうえいくたろう》（久留米《くるめ》）
大沢逸平《いっぺい》（大和）
北村善吉《ぜんきち》（姫路《ひめじ》）

大和の大沢逸平は、池田屋で激しい戦闘が行われている最中、庭の大釜《おおがま》のなかに隠れていて助かったという。のちに長州の乃美織江のもとを訪れ、「天井や床をしきりに槍や刀で突き、隠れている志士を探すので、釜のなかでも生きた心地はしませんでした」と述懐《じゅつかい》している。

このほかに高木元右衛門《もとえもん》（肥後）も脱出者といわれるが、高木の場合は事件当夜、池田屋ではなく自宅にいるところを捕方に襲われた。そこからかろうじて脱出に成功し、長州藩邸に逃げ込んだものである。

ただしその高木も、右のうちの宮部春蔵《しゅんぞう》（鼎蔵の実弟）、有吉熊次郎、安藤鉄馬とともに翌月の禁門の変で戦死をとげてしまう。せっかく池田屋当日に助かった者たちであるのに、尊攘倒幕に賭ける執念が、みずからの生命をかえりみない行動に走らせたのだった。

そんな純粋な志士たちにくらべれば、最大の大物志士である桂《かつら》小五郎（長州）の当夜の行動は、何ともはっきりしない。

当時、乃美織江とともに長州藩京都留守居役をつとめていた桂は、池田屋の集会に参加するつもりで出掛けたが、まだ人数が集まりきっていなかったので、いったん退出して近くの対馬《つしま》藩別邸に用をたしに行った。すると、桂が不在のわずかの間に池田屋は新選組に襲撃されてしまったというのだ。

☗京都ホテル前に建つ桂小五郎像。同地は長州藩邸跡地である。

☗三条大橋。橋を渡った向こう側が池田屋跡である。

これは維新後に桂が手記に書いていることなのだが、どうにも信じがたい。そんな絶妙のタイミングで新選組がやってくるとは考えられず、自分の行動に対する言い訳をしているとしか思えないのである。

当時の桂の立場を考えれば、御所焼き打ちなどというのは自重させなければならない暴挙だった。しかし、尊攘派が不遇をかこっている現状を打破するためには、そうした武力行動も意義のあるものといえた。

だから、できれば長州藩に迷惑のかからないように、諸藩の浪士だけで事を起こしてくれるのが望ましかったのだ。

当夜も桂は立場上、池田屋に顔ぐらいは出したものの、あいさつ程度にして早々に退出したのだろう。本人は「いったん去りてまた来たらんと欲し――」などといっているが、実は二度と来るつもりはなかったに違いない。

そうした事実を、自分に都合のいいように取り繕ったものが、桂の手記というわけだったのである。

三四　近藤勇は幕臣取り立てをなぜ辞退したのか

池田屋事件の少し前、幕府は京都市中の警備体制を強化するため、新選組のほかに新たなる治安維持部隊を組織していた。元治元年（一八六四）四月二十四日に発足した「京都見廻組《みまわりぐみ》」である。

この見廻組は、新選組と違い、幕臣《ばくしん》とその子弟によって構成された。代表者である見廻役には、蒔田相模守《まいたさがみのかみ》（備中浅尾《あさお》藩主）と松平因幡守《いなばのかみ》（旗本交替寄合《よりあい》）が任命され、それぞれが二百人ずつ、合計四百人の隊士を率いて京都に赴任することになっていた。

このうち蒔田相模守は、ほぼ人数をそろえることができ、五月二十六日に上洛したが、松平因幡守のほうは思うように人数が集まらなかった。そこで松平は、なんと京都で活躍している新選組を、そのまま見廻組として召し抱えるという案を考えた。

さっそく、新選組を預かる会津藩の江戸藩邸に相談を持ちかけ、新選組の譲渡が可能かどうか問い合わせている。

「貴藩で預かっている新選組とかいう者たちは何人ほどいるのでしょうか。当方で召し抱えても支障はないでしょうか。もし支障がないようでしたら、京都へ上ったうえで召し抱えるつもりです」

　彼らに用意される格式は同心程度、禄高は七十俵であるという。この申し出を受けた会津藩江戸藩邸の公用方上田一学《いちがく》は、とりあえず返答を保留し、五月十四日付で京都へお伺いの手紙を送った。江戸の上田には、新選組をとりまく状況がいま一つわからないので、京都藩庁の意向を確認したのだ。

　ただし、手紙には上田なりの意見もこう書き添えられていた。

「新選組の者は、風聞によれば見識もあり、すこぶる有志の者であると聞きますので、同心程度の低い身分ではいかがなものでしょうか」

　実に的を射た意見だった。確かに、新選組の会津藩お預かりという立場は不安定なものではあったが、だからといって、同心のような低禄での幕臣取り立てに魅力があるとは思えなかった。新選組の者に伝えても、即座に拒否されるのは目に見えていた。

　そんな矢先に起こったのが、六月五日の池田屋事件だった。もはや本人たちに伝えるまでもない。この事件で大手柄を立てた新選組は、会津藩にとって手放すことのできない存在となったのだ。

　六月七日、会津藩の京都藩庁から江戸藩庁にあてて、新選組の譲渡を拒絶する内容の手紙が送られた。

「同心程度で召し抱えるとのことですが、申し聞かせるまでもなく承知しないでしょうし、そのようなことを伝えれば、一統の士気にもかかわり、今後のためにもなりません」

会津藩はそう判断し、見廻組の申し入れをきっぱりと断ったのだった。
池田屋事件によって、新選組はその実力を満天下に見せつけた。京都を守護する会津藩にしてみれば、これほど頼りになる集団はない。新選組側に一言の相談もなく譲渡拒絶を決定したというのも、彼らを手放したくないという会津藩の心理のあらわれであったかもしれない。

この日、会津藩は新選組の池田屋事件における働きに対し、五百両の報奨金を与えた。また八月四日には、幕府からも別に六百両の金が下され、次のように隊士一同に分配されている。

金十両　別段金二十両
　近藤勇
金十両　別段金十三両
　土方歳三
金十両充　別段金十両充
沖田総司　永倉新八　藤堂平助　谷万太郎《まんたろう》　浅野藤太郎《とうたろう》　武田観柳斎

金十両充　別段金七両充
井上源三郎　原田左之助　斎藤一　篠塚峯三《みねぞう》　林信太郎《しんたろう》　島田魁　川島勝司
葛山《かつらやま》武八郎　谷三十郎《さんじゅうろう》　三品仲治《みしなちゅうじ》　蟻通勘吾《ありどおしかんご》
金十両充　別段金五両充
松原忠司《ただじ》　伊木《いき》八郎　中村金吾《きんご》　尾関弥四郎《おぜきやしろう》　宿院良蔵《しゅくいんりょうぞう》　佐々木蔵之助《くらのすけ》
河合耆三郎《かわいきさぶろう》　酒井兵庫《ひょうご》　木内峯太《きうちみねた》　松本喜次郎《きじろう》　竹内元太郎　近藤周平《しゅうへい》
金十両充　別段金十両充
三人（奥沢栄助、安藤早太郎、新田革左衛門）へ

しかも、新選組の働きに対して与えられたのは、報奨金だけではなかった。老中の水野和泉守《いずみのかみ》と稲葉美濃守《みののかみ》から、近藤以下の新選組総員を幕府直参《じきさん》として召し抱える話が伝えられたのだ。

その格式は、土方歳三が故郷に送った手紙によれば、

「近藤身分は両番頭《りょうばんがしら》次席《じせき》にて、持高《もちだか》五百石くらいには相成《あいな》り候。局中、上、中、下、下々と四段に御取り立て相成るべく候」

と内示されたという。両番頭というのは、幕府の武官のうち書院《しょいん》番頭と小姓組《こしょうぐみ》番頭をあわせて称したもので、旗本の良家の者しか就任することのできない重職だった。近藤

に用意された両番頭次席というのは、両番頭の下の両番組頭のことと思われるが、それでも高い格式である。

池田屋事件の直前に、見廻組入りの話があったときの「同心、七十俵」という条件とは大違いといえた。知行《ちぎょう》の「石《こく》」は、蔵米《くらまい》の「俵《ひょう》」と価値的には等しいので、五百石と七十俵では大差がある。池田屋という転換点を境にして、彼らをめぐる状況は、これほどまでに変化したのだった。

しかし、驚くべきことに、近藤はこの好条件による幕臣取り立てを断った。

理由は、『新選組始末記』（子母沢寛著）では、「私は新選組隊長で結構です」といって辞退したことになっている。ただし、これだけでは辞退の理由がいま一つわかりにくい。

その点、『両雄士伝』（小島鹿之助著）によれば、もう少し突っ込んだ近藤の心情を読み取ることができる。

「人臣として君につかうるや、ただこれ力をあらわす、もとよりその職のみ、と辞して受けず」

意訳すれば、自分は与えられた役目を果たすことで将軍に奉公したいという意味だ。身分や出世のことは眼中にないというのである。

なんという志の高さであろうか。

もちろん、攘夷の実現という理想についてこだわっていたこともあったのだろうが、そのためにみずからの栄達を放棄することはなかなかできないものだ。

いわば、近藤のこの潔癖さこそ、新選組の行動を貫く美学であったのである。

三五　新選組は禁門の変で獄囚を斬殺したのか

長州藩の国元に池田屋事件の情報が届けられたのは、六月十二日のことだった。そのころ長州藩では、前年の政変で失脚した藩主毛利敬親《もうりたかちか》父子と、三条実美《さねとみ》ら五卿《きょう》（七卿のうち二人は死亡）の赦免《しゃめん》を訴えるための上京準備を整えていたが、池田屋で同志が大量に誅殺《ちゅうさつ》されたことを知って憤激する。

十六日には早くも第一陣が出発し、以後、続々と兵が京都へ向かった。赦免を訴えるといっても、実際には二千人近い軍勢が動員されるわけで、その兵力で朝廷と幕府を威《い》嚇《かく》して、ことを有利に運ぼうというのだった。

六月二十五日、久坂玄瑞《くさかげんずい》、真木和泉《まきいずみ》の率いる三百余人の軍勢が山崎天王山《てんのうざん》に陣を敷き、次いで福原越後《えちご》らの三百余人が伏見《ふしみ》に、来島又兵衛《きじままたべえ》、国司信濃《くにししなの》らの六百余人が嵯峨《さが》天龍《てんりゅう》寺《じ》に、益田右衛門介《ますだうえもんすけ》らの六百余人が八幡《やわた》に、それぞれ布陣した。

これを迎え撃つ幕府側では、二十四日に会津藩兵と新選組を竹田《たけだ》街道銭取橋《ぜにとりばし》付近に派遣していた。伏見から攻め込む福原軍に対する備えだった。

このとき新選組の陣営には、山南敬助と沖田総司の姿がみえなかった。山南は春以来の病気療養中であり、沖田は池田屋で結核の発作を起こしてまだ間もなかったからだ。

二人がこの戦いに出動していたかどうかは、これまではっきりしていなかったが、永倉新八の『浪士文久報国記事』には、彼らが病気のために不参加であったと明記されている。沖田がこのころすでに結核を病んでいたことは、疑いようのない事実なのである。

京都の入り口に陣取り、幕府軍と対峙していた長州軍は、嘆願が聞き入れられることに最後まで望みをつないでいたが、七月十九日未明、ついにしびれをきらして武力行使に訴えて出た。こうして始まった戦争を禁門の変といい、とくに蛤御門《はまぐりごもん》付近が最大の激戦地となったことから、蛤御門の変とも呼ばれた。

伏見口の新選組も、味方の大垣《おおがき》藩兵が長州の福原軍と藤《ふじ》の森《もり》で開戦したことを知り、会津藩兵百五十人とともに現場に急行して、大垣藩の応援に加わる。両軍の交戦は午前五時から四時間ほども続けられたが、大将の福原越後が流れ弾で負傷したため、福原軍は伏見まで退却した。

新選組と会津藩兵も伏見稲荷《いなり》の境内に引き上げ、休息していると、そこへ会津藩の急使がやってきて、御所の危機を報じた。伏見はそのままにして、至急、御所の救援に向かうようにとのことなので、新選組は会津藩兵とともに急ぎ御所へ駆けつける。

新選組が御所に到着したころには、幕府方諸藩の奮戦によって、すでに長州軍は崩れ始めていたが、まだ諸所に兵が潜伏していた。

堺町《さかいまち》御門の脇にある鷹司《たかつかさ》家の邸内に、二、三十人ほどの長州兵が隠れているのを発見した新選組は、同家の建物に火をかけた。驚いた長州兵は蛤御門の方向へ逃げ出すが、そこは会津兵が固めていたので、敵は挟み撃ちとなって全滅してしまう。

新選組は、次いで公卿門《くぎょうもん》の守備を命じられたので、行ってみると、門前の日野大納言《ひのだいなごん》邸にやはり長州兵二十人ほどが潜んでいるという。そこで、永倉新八、原田左之助、井上源三郎が、隊士二十人を従えて日野邸に迫った。

永倉が先頭に立って邸内に踏み込むと、必死の長州兵は抜刀して斬りかかってくる。一時間ばかりも邸内で激戦が展開されたが、結局、長州兵は四、五人が討ち取られ、残りの者は逃亡した。

よく、禁門の変では新選組の実戦の機会はなかったなどというが、永倉の『七ヶ所手負場所顕ス』という自筆の記録には、この日野邸での戦いで、人差し指に負傷をしたことが記されている。負傷までしたというのだから、実戦があったことを疑う余地はないだろう。

やがて長州軍は総崩れとなり、開戦から一日ともたずに退却となった。

ただし、交戦のさなかに火災が発生し、京都市中は大火事となった。火は翌二十日になっても燃え続け、六角《ろっかく》通りの獄舎のほうまで迫る勢いをみせる。

このとき、町奉行滝川具挙《ともたか》は、火事に乗じて囚人たちが逃亡することをおそれた。当時、六角獄には政治犯の志士たちが多く収監《しゅうかん》されており、彼らが逃げ出したら大変なことになる。そうなる前に殺害してしまおうと、滝川は考えたのだった。

処刑は午後二時ごろから始まり、囚人たちが次々と牢から出され、断首された。前年八月の三条縄手の戦いで新選組が取り逃がした平野国臣《くにおみ》や、そのとき捕えた古藤領左衛門《ことうりょうざえもん》らが処刑され、さらには、古高俊太郎、佐藤一郎、山田虎之助、内山太郎右衛門といった、池田屋事件の関係者までが首をはねられた。

古高はともかくとしても、佐藤、山田、内山らは結局、池田屋事件に本当に関与していたかどうかもわからないうちの処刑だった。この日、処刑された囚人は三十三人にもおよび、六角獄の悲劇として伝えられる。

一説に、獄中の彼らを、新選組が槍で刺し殺してまわったというが、根拠は何もない。囚人たちは牢から引き出されて無抵抗のまま断首されたのであるから、わざわざ新選組の手をわずらわせる必要はなかっただろう。

それに、この日、新選組は敗走の長州軍を追討《ついとう》するため、会津藩兵とともに伏見へ向かっている。忙しい新選組に、六角獄に出向いている余裕はなかったのである。

翌二十一日、山崎天王山の戦いでは、久留米の神官の出身で、戦の首謀者ともいうべき真木和泉ら十七人を山頂に追い詰めた。

そこで真木らは全員、山小屋にこもって切腹をとげ、火薬で小屋を爆破させてしまった。このなかには、前月に池田屋の乱刃をなんとかくぐり抜けた宮部春蔵、加屋四郎、中津彦太郎も加わっており、せっかくの命を山頂に散らせることになったのである。

こうして、禁門の変は長州側の惨敗に終わった。長州藩は御所に発砲した罪によって、以後、「朝敵」として扱われることになり、長州人は一切、京都に立ち入ることを禁止された。

新選組は、池田屋事件以来続いていた臨戦態勢をようやく解いて、七月二十三日に壬生の屯所に帰陣した。

禁門の変の情報は、江戸にも伝えられたが、そのなかには近藤が戦死したという誤報もあった。小野路《おのじ》の小島家の七月二十八日付の記録には、

「近藤戦死の凶聞《きょうぶん》これあり。いよいよ心痛《しんつう》」

などと記されている。

これは、すぐ八月一日に、

「近藤勇、土方歳三、両人ほか一同無事のよしにござ候」

と訂正され、関係者はほっと胸をなでおろしたが、遠くから無事を祈る側としては、心配で落ち着かない日々であったことだろう。

三六　佐久間象山の息子はなぜ新選組に入隊したのか

禁門の変に出動した新選組の陣中には、変わり種の新入隊士の姿があった。西洋兵学者として有名な松代《まつしろ》藩士、佐久間象山《しょうざん》の妾の子の恪二郎《かくじろう》である。

元治元年（一八六四）七月十一日、父の象山が尊攘派の肥後藩士河上彦斎《げんさい》らに暗殺されたことで、その仇討《あだう》ちのために新選組に身を寄せたのだった。年齢はまだ十七歳。象山と親交のあった会津藩士山本覚馬《かくま》の世話で、すぐに入隊の決まった恪二郎は、母方の姓を取って三浦啓之介《けいのすけ》と名乗った。

こうした仇討ち話は、義侠心《ぎきょうしん》に厚い近藤勇の最も好むところで、山本覚馬から事情を聞くと感激し、

「確かにお世話をし、存分に仇を討たせましょう。仇討ちの節には自分も助太刀いたし、局中の者にもみな助太刀させましょう」

と語ったという。新選組のつわものたちにこぞって助太刀されては、さすがの人斬り彦斎もたまらなかっただろう。

恪二郎の場合、新選組に入隊したとはいっても、一般の隊士と同列には扱われず、客

員としての在隊となった。ふだんは隊士たちに厳しい土方歳三も、今回ばかりは違っていて、恪二郎が義母の順《じゅん》にあてた手紙には、

「私ことは近藤先生に助役土方年三と申す人、いたってごく親切にいたしくれ申し候」

などと書かれている。あの土方が「親切」にしていたというのだから、珍しいことだった。

実は、土方は生前の佐久間象山とは交流があった。兵学者として知られた存在だった象山に二編の漢詩を書いてもらい、それを記念品として、故郷の佐藤家と小島家に送ったこともあったほどだ。

有名人に筆跡を依頼することなどなさそうな土方が、なぜ象山のものは喜んで受け取ったのか。

それは、やはり象山が兵学者であったからだろう。新選組の副長として、隊を強化することを絶えず考えている土方が、西洋兵学に興味がないはずがない。剣ひとすじに生きてきた土方にとって、自分の知らない西洋兵学という世界で重きをなす象山は、尊敬に値する人物だったのだ。

それに、象山の本妻である順は、幕府軍艦奉行《ぶぎょう》の勝海舟《かいしゅう》の実妹だった。つまり恪二郎は勝海舟の甥にあたる。象山と海舟、幕府方の二人の「名士」の縁に連なる恪二郎は、土方にとっても格別な存在であったのだろう。

この恪二郎が入隊して数日後に、禁門の変が勃発《ぼっぱつ》した。いきなり実戦に参加することになった恪二郎は驚いただろうが、御所周辺の戦闘から山崎天王山の戦いまで経験し、「わずかばかりの戦のまね見申し候」と感想を述べている。

こうして、新選組に籍を置きながら、まだ判明していない父の仇を探すことになった恪二郎だったが、その情熱をいつまでも維持しておくことはできなかった。

隊士としての日々を送るうちに、仇討ちのことなどどこかへ行ってしまったのだった。ついにある日、隊を脱走して姿をくらました。芦屋昇という隊士が同行したというので、この芦屋がそそのかしたのかもしれない。

その後は諸所を転々とし、維新後は新政府にも出仕したが、明治十年（一八七七）に二十九歳で没した。結局、偉大な父親の期待にこたえることのできなかった、不肖《ふしょう》の子であった。

父の佐久間象山は、大変な自信家であったうえに遺伝の知識があった。だから、天才である自分の子孫を残さないことは日本の損失になると考え、母となるべき女性もそういった観点から適任者を選んでいたほどだった。

それほどまでに気をつかって育てたのが恪二郎のような愚息《ぐそく》であったのだから、象山も草葉の陰で、さぞかし嘆いていることだろう。

三七　軍中法度は本当は何か条あったのか

元治元年（一八六四）九月、近藤勇は部下の永倉新八、武田観柳斎、尾形俊太郎を従え、江戸に下った。前年の上洛以来、初めての帰郷である。

東下の目的は二つあり、一つは長州追討のために将軍家茂の出馬を幕閣に働きかけること。そしてもう一つは、新入隊士を募集することだった。

池田屋事件や禁門の変における活躍で高く評価された新選組は、会津藩から与えられる人件費が増加したようで、より多くの隊士を抱えることが可能となった。隊士の募集は京都や大坂でも実施されたが、近藤が東国の武士を好んだため、募集は江戸のほうで積極的に行われた。

すでにこのとき、池田屋での負傷も癒《い》えた藤堂平助が特命を受け、近藤ら四人に先立って江戸に出張していた。特命とは、藤堂の昔の剣術師匠であった伊東甲子太郎《かしたろう》を新選組に招聘《しょうへい》することだった。

伊東は北辰一刀流《ほくしんいっとうりゅう》の達人であると同時に、水戸《みと》学や国学に通じた教養人でもあった。そのすぐれた人物と見識を、近藤は新選組の頭脳として取り入れようとしたのである。

伊東とその同志六人を含め、このときの新入隊士は二十一人。一行は十月十六日に江戸を出発し、同月二十七日に京都に着いた。募集の成果は人数的には十分とはいえなかったが、とりあえずこれで隊士総数は七十余人となった。

そのころ幕府では、長州藩が禁門の変で御所に発砲した罪は重いとして、諸藩の兵を総動員して征伐《せいばつ》することを決定していた。いわゆる第一次長州征伐である。

新選組もこれに従軍することになり、長州まで攻め込むための行軍陣列を十一月ごろに定めた。この「行軍録《こうぐんろく》」には、出陣可能な六十七人の隊士が記載されており、全体は八組の小隊で構成されている。のちに新選組は組織に小隊編成を取り入れることになるが、そのきっかけとなったのが、行軍録ということになる。

また、行軍録と同時に、「軍中法度《はっと》」が作成された。戦陣における隊士の心得を記したもので、「局中法度」の戦時版というべき規律だった。「局中法度」が原本の確認ができず、名称も後世につけられたものであるのに対して、「軍中法度」のほうは現物の写しが小野路の小島家（小島資料館）に残されている。

軍中法度

一、役所を堅くあい守り、式法を乱すべからず。進退、組頭の下知《げち》に従うべきこと。

一、敵味方、強弱の批判、停止《ちょうじ》のこと。
　附《つけたり》、奇矯《ききょう》、妖怪、不思議の説を申すべからずこと。
一、食物一切、美味堅く禁制のこと。
一、昼夜に限らず、急変これあり候とも、決して騒動いたすべからず。心静かに身を堅め、下知を待つべきこと。
　但し、夜討ち込みの節、もちろんのこと。
一、私の遺恨ありといえども、陣中において喧嘩口論つかまつるまじきこと。
一、出勢前に兵糧を食い、鎧《よろい》一締めし、槍太刀の目釘《めくぎ》心付くべきこと。
　附、陣前においてみだりに虚言申すまじきこと。
一、敵間の利害、見受けこれあるにおいては、遠慮におよばず申し出るべく、過失をとがめざること。
一、組頭討死におよび候とき、その組衆、その場において死戦を遂ぐべし。もし臆病をかまえ、その虎口《ここう》逃げ来る族《やから》これあるにおいては斬罪《ざんざい》、劓《ぎ》罪、その品にしたがいて、これを申し付くべき条、かねて覚悟いたし、未練の働きこれなきよう、あいたしなまれるべきこと。
一、烈しき虎口において、組頭のほか屍骸引き退くこと無用となすべく、始終その場を逃げず、忠義をぬきんずべきこと。

一、合戦勝利ののち、乱取《らんどり》禁制なり。その御下知これあるにおいては定式《じょうしき》のごとく御法を守るべきこと。
右の条々堅固にあい守るべし。この旨執達《しったつ》、よって件《くだん》のごとし。

以上の十か条である。あくまでも非常時における規則ではあったが、「局中法度」をさらに進化させたような過酷な内容には驚かされる。鉄の規律を誇る新選組の面目躍如《めんもくやくじょ》たるものといえるだろう。

ただし、この「軍中法度」は、全文が正確に活字化されたことがほとんどない。諸書で引用するさい、みな原本との照合をしていないためか、条文が抜けていたり、語句が誤っていたりするのだ。

なかでも見逃せないのは、第八条の「斬罪、劓罪、その品にしたがいて――」という箇所である。「劓罪」というのは耳慣れない言葉だが、鼻をそぎ落とす刑罰のことで、隣国の中国でよく行われた。

ここはつまり、戦場で臆病な行為におよんだ場合、事情に応じて斬罪、あるいは劓罪に処すといっているのだ。そんな残酷な刑が実際に行われたとは思えないが、原本の条文には確かにそう書かれている。

しかし、『新選組始末記』(子母沢寛著)が、この部分を、「斬罪、微罪、その品にしたがいて――」と誤記して以来、諸書がそれにならってしまった。「劓罪」がなぜか「微罪」になってしまったのだ。「斬罪」と「微罪」は並列できる言葉ではなく、これでは意味が通じない。

史料を引用するさいには、原本確認を決して怠ってはいけないということだろう。

三八　山南敬助はなぜ新選組を脱走したのか

　新選組は、池田屋事件以来、佐幕《さばく》派の先鋒としてその名をとどろかせていたが、これに不満を抱く者もあった。総長《そうちょう》をつとめる山南敬助である。

　山南はもともと尊王攘夷論者で、新選組がはじめ唱えていた尊攘の本旨《ほんし》を忘れていることをあきたりなく思っていた。近藤勇も尊王攘夷を主張してはいたが、その思想はあくまでも幕府あってのものだったため、山南との溝は深まるばかりだった。

　そんな不満の蓄積が影響したのか、元治元年（一八六四）に入ったころ、山南は体調を崩して病気になってしまう。病名は伝わっていないものの、おそらくは肉体的というよりは精神的なものであった可能性が高い。現代でいう「うつ病」のような病状であったかもしれない。

　だから、二月に江戸から旧知の富沢政恕がやってきたときにも、山南は決して会おうとはしなかった。肉体的な病気であれば、床から体を起こして面会するぐらいのことはできたはずなのに、それさえも山南はしようとしなかったのだ。

　他人と会いたくない。まさに「うつ病」の典型的症状といえるだろう。

新選組の佐幕路線を強力に推進していたのは、隊内では山南と同格にあった土方歳三だった。しかし、近藤が、しだいに山南の理想論よりも土方の現実論にかたむくようになり、隊のことも土方と二人だけで決定することが多くなっていた。

たとえば、屯所の移転問題というのがあった。慶応《けいおう》元年（一八六五）の年が明けると、新選組はそれまでの壬生の民家が手ぜまになったため、新しい屯所を市中に探すことになった。

そうして屯所の候補とされたのが、西本願寺内の集会所《しゅうえしょ》という建物だった。これは、本堂の北側に建てられた六百畳余の大講堂で、全国から僧徒が集まって大法会《ほうえ》が行われるときにしか使われていなかった。そこに、土方が目をつけたのだ。

しかし、山南は真っ向から反対した。

「威力を僧侶に示し、転陣を名とし、陰に同寺の動静を探らんとするは、実に卑劣にふれて見苦しからずや。陣所は本願寺にかぎるべからず。ほかに幾所もあるべし」

同寺の動静を探るというのは、実は西本願寺は長州藩との関係が深く、新選組では日ごろから注意を払っていた経過があった。だから、土方が屯所を西本願寺に移転しようといい出した背景には、同寺を足元から監視するという目的もあったのである。

この一石二鳥の名案を近藤も気に入った。またしても土方の意見が採用され、山南の声はかえりみられることはなかったのだ。

山南は絶望した。そして、ついに近藤らと決別し、新選組を脱隊することを決意した。

「われいやしくも総長に従事す。その言のいれられざるは土方などの奸媚《かんび》による」

そう書き置きに残し、山南は屯所を出て江戸に向かった。慶応元年二月二十三日、くしくも、二年前に山南らが京都入りしたのと同日のことだった。

新選組には脱走を禁じた隊規があった。それを山南が忘れていたはずはなかったが、あるいは、自分のような執行部側の者にまで適用されることはないと思っていたのかもしれない。

しかし、例外は認められることはなかった。一つでも例外を認めれば、隊の規律などたちどころにゆるんでしまう。新選組が鉄の規律によってなりたっている以上、隊規に違反した山南はやはり許されるものではなかった。

それに、山南の脱走は、ある意味では近藤に好都合であったといえた。隊の運営について、ことごとく意見の対立する近ごろの山南は、近藤にとってうとましい存在になっていた。だから、山南のほうから脱走をして処分の名目をつくってくれたことを、近藤はむしろ歓迎したとも考えられるのだ。

現に、永倉新八もそのように推察しており、

「近藤はこれを聞くより心中ひそかによろこんで、山南が法令にそむくのゆえをもって士道のうえから切腹せしめんと――」

と『新撰組顚末記』で語っている。

脱走を知った新選組からは、近藤の命を受けて沖田総司が追跡に向かい、京都からほど近い大津《おおつ》で山南に追いついた。そして、その日のうちに山南は壬生に連れ戻され、自分が切腹処分になることを知ったのだった。

「新選組法令に脱走を禁じ、犯す者は切腹を命ずるよう規定してある。山南氏のこのたびの脱走についても、法文のとおり切腹を申しつける」

近藤からそう告げられた山南は、しかし取り乱すことはなかった。

「切腹を命ぜられて、ありがたき幸せに存ずる」

と、落ち着いた態度で答えたという。夢やぶれて現実に絶望した山南にとって、もはや生死はそれほど問題ではなかったのだろう。

夕刻までに、屯所の前川邸の一室で切腹の準備が整えられ、介錯は沖田がすることに決まった。昔からの仲間である沖田が山南の首を斬るというのは残酷なようにも思えるが、こういう場合、腕の立つ者が介錯してくれることが何よりも当人を安心させるのである。

この山南には京都に恋人がいた。島原の天神《てんじん》であった明里《あけさと》という女性で、二、三か月前に辞めて実家に帰っていた。

年は二十一、二歳で、遊女とは思えぬような上品な女性であったという。それが、この日、山南が切腹するという知らせを使いの者から聞き、驚いて壬生までやってきた。

山南と明里の関係は、八木家の為三郎などもよく知っていて、午後四時ごろ、屯所に駆けつけた明里の姿を目撃している。そのときのようすは、『新選組遺聞』(子母沢寛著)に収録された為三郎の談話にくわしい。

「明里は、前川方の西の出窓の格子《こうし》のところへ走り寄って、とんとん叩きながら何かしきりに叫んでいます。それがただごとならぬようすなので、私もしだいに側へ寄り、明里のうしろ十間くらいも離れたところで、黙って立って見ていました。明里は、『山南さん、山南さん』といっていたようです。しばらくすると、格子戸の中の障子が内から開いて、山南敬助の顔が見えました。私もはっとしましたが、明里は格子へつかまって話すこともできずに、声をあげて泣きました」

すでに死を覚悟していた山南だったが、明里の顔を見ると、さすがに平静ではいられなかった。涙ながらに別れの言葉をかわし、そのあとは二人とも、格子越しにじっと見つめ合っていたという。

やがて隊士たちが現れ、明里の側からも人がやってきて、明里を連れていこうとした。そして、まだ明里が格子にしがみついているうちに、内側から障子が閉められてしまった。泣く泣くその場を去った明里の、以後の消息は一切わかっていない。

この山南と明里との悲しい別れについては、子母沢寛の創作なのではないかともいわれているが、創作と断定できるだけの材料は何もない。話が劇的すぎるというだけで、安易に疑いをかけるのは控えるべきだろう。

明里との最後の対面を終え、自分の気持ちに整理をつけた山南は、黒羽二重《くろはぶたえ》の紋付《もんつき》に衣服を改め、畳の上にふとんを敷いて正座した。

見守る同志たちと水杯《みずさかずき》をかわしたあと、介錯の沖田に向かって、

「言葉をかけるまで刀をおろすな」

という。そして静かに小刀を取り上げると、一気に左下腹に突き立て、真一文字に引き切った。次の一瞬、沖田の刀が振り下ろされた。享年三十三歳。

その立派な最期は、近藤をして、

「浅野内匠頭《たくみのかみ》でも、こうみごとにはあい果てまい」

といわしめたほどだった。

☗新選組隊士もよく通った先斗町入口跡。

☗光縁寺の山南敬助の墓。隣に大石造酒蔵の墓も見える。

三九　なぜ○番隊組長という不自然な呼称がなされたのか

山南敬助が死んだ直後の慶応元年（一八六五）三月十日ごろ、新選組は屯所を西本願寺の集会所に移転した。

壬生村での二年間は民家を間借りしていたため、何かと不便な点があったのだが、ようやく独立した建物を屯所にすることができた。ただし、集会所というのは大講堂であったから、そのままでは使えないため、大工を入れて細かく間仕切りをさせた。

以後、二年余の間、ここが新選組の屯所とされたのである。

移転が完了して一息ついた三月下旬、土方歳三が斎藤一、伊東甲子太郎とともに江戸に下った。前年冬の隊士募集では思ったほどの人数が集まらなかったため、再度、募集におもむいたのだ。

実は、前回江戸に出張した藤堂平助は、京都に帰らず、そのまま現地に残留していた。理由は明確ではないのだが、あるいは近藤の命を受けて新入隊士の勧誘にあたっていたのかもしれない。

その成果かどうか、今回は五十四人の入隊希望者を得ることができた。藤堂を含めた一行は五月十日に京都に帰り着き、西本願寺の新屯所に入った。

江戸での新入隊士募集のほか、同時に京坂でも募集は行われたため、総勢は一気に百三十余人にまで増加した。従来の規模とは明らかに違う、強大な戦闘集団に新選組は変貌をとげたのだった。

隊の組織も改められ、次のような新編成がなされている。

局長　近藤勇
副長　土方歳三
参謀　伊東甲子太郎
副長助勤《じょきん》
　一番組長　沖田総司　　二番組長　永倉新八
　三番組長　斎藤一　　四番組長　松原忠司
　五番組長　武田観柳斎　　六番組長　井上源三郎
　七番組長　谷三十郎　　八番組長　藤堂平助
　九番組長　三木三郎　　十番組長　原田左之助
諸士調役兼監察
　山崎烝　篠原泰之進《しのはらたいのしん》　新井忠雄《ただお》　服部武雄《はっとりたけお》　芦屋昇《あしやのぼる》　吉村貫一郎《かんいちろう》　尾形俊太郎《おがたしゅんたろう》

勘定方《かんじょう》　河合耆三郎

前年冬に入隊したばかりの伊東甲子太郎に、参謀という新設の職が用意された。これは、伊東に対する期待の現れであっただろう。

また、副長助勤が組長として一隊を率いる小隊制度が、ここで確立されている。五人の平隊士を一人の伍長《ごちょう》がたばね、それを二つ合わせて一小隊として、一人の組長が率いた。つまり一小隊は十三人で構成されることになり、これが一番組から十番組までの十組設けられている。以後の新選組は、これらの小隊ごとに行動することが基本とされた。

伍長については不明な点が多く、『新選組始末記』（子母沢寛著）には十八人の姓名が載せられているが、正しくない。この十八人は慶応元年五月時点の伍長たちではなく、永倉新八の『同志連名記』から、新選組通史における伍長全員を抜き書きしたものにすぎないのだ。

そのため同書では、前年にすでに死んでいるはずの奥沢栄助や葛山武八郎の名を載せてしまうという誤りさえ犯している。

実際には、この時点での伍長の顔ぶれは、ほとんど判明しておらず、後出の『新撰組顚末記』の記載により、二番組に島田魁と伊東鉄五郎が配属されたことがうかがえる程度なのである。

ともあれ、新選組は隊士の質、量ともに充実し、組織編成も本格的なものとなった。隊の実力が頂点に達した時期といっていいだろう。

しかし、先の編成のなかで、些細なことながら新選組の愛好家を迷わせている点がある。それは、各小隊が一般に「一番隊」や「二番隊」と呼ばれたと伝わるのに、その長は「組長」と呼ばれたということだ。

だから、たとえば沖田総司の場合、「一番隊組長」などという妙な肩書になってしまう。ふつうに考えれば、「一番隊隊長」であるのが当然だろう。なぜ、彼らは隊長でなく、組長だったのか。

結論から先にいおう。実は、新選組において、各小隊はもともと「隊」とは呼ばれていなかった。組織名と同様に、「組」と呼ばれていたのだ。

当時の史料を丹念に調べてみても、小隊が一番隊、二番隊などと呼ばれているものは、一切見あたらない。みな「組」で統一されている。

たとえば、永倉新八の『新撰組顚末記』には、次のようにある。

「副長助勤をさらに組長とよび、隊士十人ずつをあずかり助役として伍長二名を付される。永倉は二番組長で、伍長には伊東鉄五郎、島田魁の両名がえらばれた」

同じく永倉の『浪士文久報国記事』にも、次のような箇所がある。

「新選組副長助勤原田左之助、諸士調役荒井只雄《（ママ）》其外組、弐番組、六番組、七番組、午後七時頃より三条出張――」

　これは慶応二年九月十二日の三条制札事件のときの記事だが、この事件の手柄によって会津藩から下された褒賞金の一覧表（『壬生浪士始末記』所収）にも、「七番組頭原田左之助」、「七番組　伊藤浪之助」という記載がある。

「組長」と「組頭」は併用されていたようだが、「組」の表記は一定している。新選組において、各小隊の正しい呼称は、やはり「組」なのである。

　もっとも、考えてみれば、新選組そのものが「組」を称しているのだから、内部小隊が「隊」であるはずはもともとなかったのかもしれない。

　いずれにしても、読者の方々がひそかに感じていたであろう「新選組○番隊組長」という奇妙な肩書の謎は、これで解けたことと思う。今後、新選組を語るときには、正しく「○番組組長」と呼称してほしい。

　そして、もしどうしても「隊」を使いたい場合には、割り切って「○番隊隊長」と呼んでほしい。そのほうが、つじつまの合わない従来の呼称より、よほど筋が通っているのである。

四〇　松本良順の見た新選組の実態とはどのようなものか

慶応元年（一八六五）閏《うるう》五月ごろ、新選組の西本願寺屯所に、幕医《ばくい》松本良順《りょうじゅん》がやってきた。同月二十二日に上洛した将軍家茂に随行してきたものだった。

近藤勇は、この松本良順と前年の十月に江戸で初対面しており、胃の薬をもらうかたわら、最新の西洋事情を教えられていた。このとき良順の見識に感服した近藤は、京都で再会することを約束していたのである。

良順は、しばらく酒肴《しゅこう》のもてなしを受けていたが、新選組のつわものたちがたむろしている様子を見てみたいといって、土方歳三の案内で屯所内を見学することになった。そこには、刀剣をみがく者あり、鎖かたびらを手入れする者あり、その勇ましい様子は、まるで水滸伝《すいこでん》の梁山泊《りょうざんぱく》を思わせた。

しかし、同時に隊内には病人が多く、百七、八十人（正確には百三、四十人か）の総員の三分の一は、なんらかの病気にかかっていて、部屋に横たわっていたという。

これではいけないと、良順は屯所内に病室を設け、そこに布団を並べて患者を集中治療することをすすめた。また、浴場を作り、身体が不潔になることのないようにとの指示を与えて帰った。

　すると、二、三時間ほどののち、土方が良順の宿にやってきて、

「先生の説に従って病室を設けました。どうか一覧していただき、さらに指示をいただきたく思います」

　と告げた。あまりに短時間でのことなので、半信半疑で良順が行ってみると、確かに病室が作られて、布団に患者がずらりと並べられており、ふろ桶が三個設置されていた。

　その早さに良順が驚いていると、土方は、

「兵は拙速《せっそく》を尊《たっと》ぶといいますからな」

　と満足そうに笑ってみせた。

　良順は、初めて会ったこの土方という人物をすっかり気に入ったらしく、のちにこう書き残している。

「歳三は鋭敏沈勇《ちんゆう》、百事をなす雷のごとし。近藤に誤謬《ごびゅう》なきは歳三ありたればなり」

　近藤に誤りがないのは、そばに土方がいたからだとまでいっているのだ。その評価の高さがうかがえるだろう。

　ほかには、山崎烝のことをこう語っている。

「性温厚にして沈黙、よく事に堪《た》ゆるあり。勇の最も愛する者なりし」

　この山崎は大坂の針医師の子であったので、多少の医学の心得があった。それを聞い

た良順は、山崎を適任者とみて刀創の縫合術《ほうごうじゅつ》を伝授した。

戦闘による外傷を負う危険性を常にはらんでいる新選組にとって、応急的な傷口の縫合術を知っているのと知らないのとでは、大きな違いがあった。貴重な西洋医術を伝授された山崎は、おおいに喜び、

「われは新選組の医者なり」

と周囲に吹聴した。

良順の診《み》た新選組隊士の病人というのは、たいていは風邪で、次に食あたりが多く、その次に多かったのが梅毒《ばいどく》であったという。なかには、心臓病と肺結核という難病をわずらう二人の病人があったが、それ以外の七十余人は、良順の往診を受けて一か月もたないうちに全治した。

このとき肺結核と診断されたのは、沖田総司だったに違いない。すでに前年の元治元年（一八六四）から症状の現れている沖田であったから、仮に同志たちには隠していたとしても、医師がみればごまかすことはできなかっただろう。

また、尾関弥四郎という隊士は、この年十一月七日に病死したことが判明している。あるいは、心臓病と診断されたもう一人の重病人が、この尾関であったのかもしれない。

四一　松原忠司の壬生心中は作り話だったのか

慶応元年（一八六五）五月の新編成と同時に、新選組では隊規の強化が行われた。文久三年（一八六三）以来、隊内を取り締まる手段として厳しい隊規が敷かれていたが、それがさらに厳格に運用されることになったのだ。

まず六月二十一日、新入隊士の施山多喜人《せやまたきと》と石川三郎が切腹させられた。二人の罪状は、なんと町家の人妻と不義密通におよんだというものだった。

不義密通とは、要するに不倫の関係になったということで、これは当時の社会では罪が重く、訴えられれば男女ともに死罪となった。だから施山と石川が切腹させられたのも、やむをえないことではあったのだが、それにしても厳しすぎる印象は否めない。

おそらくこれは、隊士たちへの見せしめ的な意味でなされた処分であったのだろう。新選組には鉄の隊規があり、それに違反した者は死をもってつぐなわなければならないことを、新入隊士たちに早いうちから教え込む必要があったのだ。

施山と石川の遺体は、その日のうちに光縁寺に埋葬された。毎回一、二人の隊士が、頼越人として寺側に埋葬を依頼することになっていたが、このときは勘定方の酒井兵庫が、その役目にあたった。三月四日に死んだ大谷良輔のときに引き続いての任命だった。しかし、切腹させられた同志の遺体を寺に運ぶ役目を続けたことで、酒井はしだいに隊に対する恐怖心を抱くようになった。いまに自分もこうなるのではないかと不安になり、思いあまった酒井は、ある日、ついに隊を脱走してしまう。

酒井は前年の池田屋事件にも参戦した古参隊士だったが、どちらかといえば「武」よりも「文」に長じた人物だったようだ。性格的にも臆病なところがあったのだろう。脱走後の酒井は、故郷の摂津住吉《せっつすみよし》に潜伏するが、すぐに居場所は発覚した。

沖田総司以下五、六人の隊士が追っ手として派遣され、夜中、不意に潜伏先に踏み込んだ。本来ならば屯所に連れ帰って切腹させることになっていたが、酒井は激しく抵抗したのだろうか。沖田に斬り伏せられて、その場に絶命した。

同じころ、酒井同様に臆病者として処分された隊士に、諸士調役兼監察の川島勝司がいる。川島は、臆病なために隊士として使い物にならないとみられ、除隊処分になってしまった。新選組では脱隊は認められていなかったが、隊に不要な者は、このように除隊させることがあった。

すると、辞めさせられた川島は生活に困り、隊名を騙《かた》って京都の商家から金策におよぶようになった。これを知った近藤は激怒して、隊士数人に川島の処分を命じた。すぐに追っ手に捕えられた川島は、二条河原に引き出され、頭を坊主にされる辱《はずかし》めを受けたうえ、隊士富山弥兵衛《とみやまやへえ》によって斬首されたのだった。

また七月二十五日には、やはり商家から金策した罪で、佐野牧太《まきた》という新入隊士が斬罪になった。新入りとはいえ月三両ほどの給料が支給されていたはずだが、初めての京都に舞い上がり、酒色に身を持ち崩してしまったのかもしれない。

このように、慶応元年の新選組では死者が続出していたが、なかでも九月一日に没した松原忠司の死にざまは異色だった。

元副長助勤、四番組長の松原の最期については、「壬生心中」というエピソードが伝わっている。『新選組物語』(子母沢寛著)に載せられているもので、松原が自分の斬った浪士の妻と恋に落ち、ついには二人で心中をとげてしまうという話である。

しかし、これは八木為三郎の談話として紹介されているため実話ととられがちであるが、そうではなく、子母沢寛による作り話にすぎない。実際にわかっている松原の死に至る過程は、次のようなものだった。

ある日、松原は、隊務遂行中にみずからが犯した失策を恥じて、衝動的に割腹《かっぷく》自殺をはかった。周囲の者が取り押さえ、なんとか一命は取り留めたものの、幹部の肩書を剥《はく》奪《だつ》されて平隊士に格下げになってしまう。

失策がどのようなものであったかは不明だが、降格されたことについては、この年七月ごろに作成された隊士名簿の『英名録』に、松原の名が幹部としての位置ではなく、最後尾付近に記されていることで裏付けられる。

その後、松原の腹部の傷は、いったんは快癒《かいゆ》したが、ふたたび悪化した。なにしろ縫合技術の発達していない当時であったから、傷口が膿《う》んだりすることも多かった。

結局、九月一日に落命した。永倉新八の『同志連名記』には、「病死」と記されているが、確かに自殺未遂から数か月たっており、死因を分類すれば病死ということになるだろう。

これが松原の死についての真実であるが、ならばなぜ、子母沢寛は壬生心中などという作り話を書いたのだろうか。

むろん刺激的な物語を書けば、読者に受けることはいうまでもないが、そのための証言者として八木為三郎の名を利用していいものだろうか。為三郎本人からクレームがついたら、どうするつもりだったのか。

実は、その心配はなかった。「壬生心中」が『文芸春秋』に初掲載されたのは、昭和六年十月号でのことだが、同年の五月、すでに為三郎は死亡していたのだ。それを知っていた子母沢寛は、安心して、読者を刺激する物語を作ることができたのだろう。

四二　谷三十郎の死にまつわる謎とは何か

強化された隊規のために命を落とす者は、慶応二年（一八六六）に入っても相次いだ。隊規の運用は、むろん局長近藤勇の手で行われていたが、近藤が留守のときは副長の土方歳三が代行した。

慶応二年の一月二十七日から三月十二日まで、近藤は伊東甲子太郎、篠原泰之進、尾形俊太郎をともなって芸州《げいしゅう》（広島県）に出張しており、その間にも、隊内ではいくつかの事件が起こっている。

まず二月五日、大石鍬次郎《くわじろう》が市中の松原《まつばら》通り東洞院《ひがしのとういん》で広島藩士某と口論になり、ついに相手を斬り殺してしまった。幸い、この事件に関しては、鍬次郎が咎《とが》めを受けたという記録もなく、さほどの問題とならずにすんだようだ。

ところが偶然にも同じ日、鍬次郎の弟で一橋家家臣の大石造酒蔵《みきぞう》が、新選組隊士今井祐次郎《ゆうじろう》に、祇園で口論のすえに斬殺されるという事件が起きた。まったくの同日に、大石鍬次郎をめぐる刃傷《にんじょう》沙汰が二件も起こるとは奇遇というほかはない。

弟を殺された鍬次郎は、今井を仇として恨んだが、土方歳三の仲裁によって、なんとか収まった。また、のちに近藤と土方は、大石家の家名断絶を防ぐため、造酒蔵は病死したということにして、実兄の鍬次郎に家督を相続させようと尽力している。しかし、残念ながら家名存続は認められることはなく、大石家は断絶になってしまったという。

次いで同月十二日、勘定方の河合耆三郎が切腹させられた。河合は、播州《ばんしゅう》（兵庫県）高砂《たかさご》の米問屋の息子だったが、武士になりたくて上京し、新選組に入隊していた。入隊後は前歴を生かして勘定方をつとめ、隊の会計を預かる立場にあった。

それが、どうしたわけか帳簿の不始末をしでかし、その責任を負って切腹することになったのだ。

不始末の内容については、はっきりしていないが、河合は実家が裕福な商家だったから、隊の金に手をつけたとは考えにくい。罪状が公金横領でないとすれば、帳簿の不始末というのも、死に値するほどのものがあるとは思えない。

しかし、土方は許さなかった。土方は、局長の近藤が不在ということで、隊士たちの気持ちがゆるむのをおそれていた。だから、局長の留守中は副長の自分が全権を握っており、隊規は厳然として生きているということを、隊内に知らしめる必要があったのだ。

直後の十八日には、小川信太郎という隊士が原因不明ながら死亡しているが、この小川も隊規違反者として土方に切腹させられた可能性が高い。土方は、新選組という組織を守るために鬼となったのである。

なお、近藤が帰京した直後の四月一日、副長助勤の谷三十郎が突然の死をとげた。

その死について、『新選組物語』（子母沢寛著）には次のようなエピソードが載せられている。

新選組に田内知《たうちとも》という隊士がいた。規則では幹部の者は妾宅をかまえることをゆるされていたが、田内は平隊士であるにもかかわらず、ひそかに妾を八条村にかこっていた。ところが、この女性は浮気者で、田内の留守中に水戸藩士と密通を重ねていた。ある日、密会中に突然、田内が帰ってきたので、水戸藩士はあわてて押し入れのなかに隠れたが、酒肴のあとがあり、妾もどうにも隠しきれなくなった。

もはやこれまでと、飛び出して田内に斬りつけた間男は、そのまま妾を連れて逃亡した。両足を斬られて動けない田内は、大声で助けを呼び、駕籠に乗せられて新選組屯所まで運ばれた。

報告を聞いた近藤は、田内の情けない姿に激怒した。そして、「士道《しどう》不覚悟」といい捨てて、即座に田内に切腹を命じた。武士としてあるまじき醜態に我慢がならなかったのだ。

このとき切腹の介錯をつとめたのが、谷三十郎であったという。

しかし、谷はベテラン隊士であるにもかかわらず、介錯を満足につとめられなかった。頭を斬ったり、肩を斬ったりと散々なありさまで、田内の切腹を台なしにしてしまった。

この失態がきっかけとなり、谷の隊内における威信は地に落ちた。やがて、失意のうちに谷は原因不明の死をとげてしまう。『新選組物語』では、暗に、斎藤一が近藤の密命を受けて殺害したようにも記されている。

しかし、このエピソードは事実ではなかった。というのは、肝心の田内知が死んだのは、実際には谷の死よりあとの慶応三年（一八六七）一月十日だったのだ。田内を谷が介錯することは不可能だったのである。

子母沢寛は明らかに田内の死亡日を誤認していた。

その理由はすぐに判明した。実は、子母沢寛は、『新選組遺聞』のなかで、光縁寺にある田内の墓碑の刻銘を「慶応二年正月十日」と筆写している。誤って一年早い日付で書き取っていたのだ。田内の介錯を谷にさせるようなありえない話が作られたのは、みずから犯したこの誤記のためだったのである。

新選組が屯所を置いていた西本願寺の寺侍《てらざむらい》の西村兼文が著した『壬生浪士始末記』には、「四月一日、谷三十郎は故《ゆえ》なくして頓死《とんし》す。何か故あるよし」とだけ、記されている。すべての虚構を排除して、われわれが谷の死について知りうることは、実はわずかにこれだけにすぎないのである。

四三　浅野薫はなぜ新選組を追放されたのか

朝敵である長州藩に対して、幕府は二年前に第一次長州征伐を行ったが、そのときは長州側が責任者の三人の家老に腹を切らせたことで事態はおさまった。

しかし、長州藩はその後、高杉晋作《しんさく》らの尊攘派が実権を握り、ふたたび反幕府の姿勢をとるようになっていた。これを問題視した幕府は、慶応二年（一八六六）六月、ついに第二次長州征伐の戦争を起こしたものの、武備の近代化をとげていた長州軍に逆に撃退された。

しかも戦争中の七月二十日、総大将の将軍家茂が大坂城内で急病死してしまう。八月二十日に家茂の死が公式に発表されると、翌二十一日には朝廷から征長中止の勅命《ちょくめい》が下された。幕府は無条件で長州を許し、撤兵せざるをえなくなったのである。

この幕府敗れるの報は、諸藩の尊攘派志士をふたたび勇気づけた。当時、京都の三条大橋西詰めの制札場には、長州藩を朝敵として批判する制札が立てられていたが、八月二十八日夜、文字を墨で消したうえ、制札を引き抜いて鴨川《かもがわ》の河原に投げ捨てるという事件が起こった。

これは尊攘派の十津川郷士《とつがわごうし》中井庄五郎《しょうごろう》、前岡力雄《りきお》、深瀬仲麿《なかまろ》らが、征長戦争に敗れた幕府をからかってやったものだった。

制札は九月二日にふたたび立てられたが、五日の夜、四人ほどの浪士がやってきて、またしても制札を引き抜き、どこへともなく持ち去ってしまった。

単なるいたずらといってしまえばそれまでだが、いまは幕府の威信が揺らいでいる大事なときだった。このままにしておいては示しがつかないと、幕府は十日に三たび制札を立てるとともに、その警備を新選組に命じたのである。

新選組は、その日から三十四人の隊士を現場に張り込ませ、犯人の再来を待ち伏せた。隊士は三か所に分け、橋の東詰めの町家に大石鍬次郎ら十人、西側の酒屋に新井忠雄ら十二人、南側の先斗町《ぽんとちょう》会所に原田左之助ら十二人というように配置した。

さらに斥候《せっこう》として、浅野薫と橋本皆助《かいすけ》の二人を物乞いに変装させて橋際に座らせた。浅野は古参の隊士だったが、橋本は入隊したばかりで、まだ仮同志の身分であったから、手柄を立てるにはいい機会だった。

十日、十一日は何も起こらなかったが、十二日の午前零時過ぎ、ついに制札に手をかける者たちが現れた。彼らは前回の十津川郷士ではなく、土佐藩士の藤崎吉五郎《きちごろう》、松島和助《わすけ》、宮川助五郎《すけごろう》、沢田屯兵衛《とんべえ》、安藤鎌次《かまじ》、岡山禎六《さだろく》、本川安太郎、中山謙太郎ら八人だった。

彼らが制札を引き抜いたのを見て、斥候の橋本皆助は、その背後を通り抜けて通報に走った。西側の酒屋で待機していた新井忠雄らに異変が伝えられると、新井らは勇んで飛び出した。

しかし、もう一人の斥候である浅野薫は、三条大橋の東詰めに走ることになっていたが、土佐藩士をおそれて橋を渡ることができなかった。それでわざわざ遠回りして通報したため、大石鍬次郎ら東詰めの隊士たちは現場に向かうのが極度に遅れてしまったという。

幸い、南側の先斗町会所の原田左之助らが、注進を待つまでもなく賊《ぞく》の姿を発見していたので、真っ先に戦闘を開始した。原田が抜刀して斬りかかり、配下の伊木八郎がそれに続いた。

土佐藩士らは突然現れた伏兵《ふくへい》に驚き、あわてて西の方角へ逃げようとする。すると、そこへ新井忠雄、中西昇、伊藤浪之助、今井祐次郎らが駆けつけ、双方入り乱れての斬り合いが始まった。

原田と伊木は、藤崎吉五郎を敵の首領格と見て、二人がかりで攻撃し、ついにその場に斬り伏せた。この藤崎吉五郎は、実は池田屋事件で犠牲者となった藤崎八郎の弟だった。奇遇にも、兄弟そろって新選組がらみで命を落とすことになったのである。

その間、伊藤浪之助は本川安太郎の一撃を受け損じて危機におちいるが、中西昇に助けられて事なきを得る。新井忠雄と今井祐次郎は、宮川助五郎と斬り合ったすえに深手を負わせて生け捕りにした。

勝ち目がないと見た土佐の安藤鎌次は、自分がしんがりをつとめてくい止めるうちに諸君は逃げよと叫び、新選組の追撃を一手に引き受ける。この安藤の犠牲的行為によって、ほかの五人はなんとか現場からの脱出に成功した。

安藤自身は、全身に十数か所の刀創《とうそう》を受けながら、どうにか河原町《かわらまち》の土佐藩邸にたどりついたが、翌十三日に自刃して果てた。

そのころの土佐藩士たちの間では、三尺四、五寸もある刀が流行しており、この晩もそんな長刀が振るわれた。のちに新井忠雄も回想して、

「例の長剣を真っ向に振りかざし、月光に輝かせて馳《は》せ来《きた》るさまは、鬼神《きじん》も避けるほどの勇ましさだった」

と語っている。

しかし実際には、その刀の重さのために土佐側は不覚をとることになった。やはり必要以上に長い刀は実戦向きではないと彼らはさとり、事件後は藩内で長刀を帯びる者は減ったという。

当時の土佐藩は公武合体派であり、幕府に反対する勢力ではなかったから、三条制札事件で自藩から狼藉者《ろうぜきもの》を出したことに困惑した。そこで事件後の十九日、京都土佐藩邸は事態を収拾するため、新選組との手打ちの席を祇園揚尾亭《とがのおてい》でもうけている。

新選組からは近藤勇、土方歳三、伊東甲子太郎、吉村貫一郎といった幹部連が招かれたが、土佐側が低姿勢に出たこともあり、すぐに双方は和解するに至った。事件は、こうして一件落着となったのである。

事件当日に斥候をつとめた橋本皆助は、迅速な通報を行ったうえ、勇敢に戦ったことが認められ、正式に隊士として取り立てられることが決まった。この橋本は、元治元年（一八六四）に水戸天狗党《てんぐとう》に参加して筑波山《つくばさん》で挙兵した経歴があったが、事件後、

「筑波以来数度の戦いに加わったが、この夜のような烈戦は初めてだった」

と述懐している。

手柄を立てた橋本とは対照的に、もう一人の斥候であった浅野薫の評判は散々だった。浅野が臆病風に吹かれず、任務をまっとうしていれば、三方向からの挟撃が可能であったのに、通報の遅れた大石鍬次郎らは、ほとんど戦闘に加わることさえできなかったのだ。

八人の敵のうち五人の逃亡をゆるしてしまったことは、この浅野の失策が大きな原因といってよかった。以後、浅野は臆病者の烙印を押され、やがて隊を追放されることになる。

四四　伊東甲子太郎はどのようにして新選組を脱隊したのか

参謀の伊東甲子太郎は、新選組の大幹部をつとめてはいたが、近藤勇や土方歳三のように徳川幕府に忠誠を誓っているわけではなかった。思想的には水戸学の影響を受けた尊王攘夷論者で、幕府よりも天皇を尊ぶという考え方をもっていた。

新選組の佐幕路線と、自分との溝に気づいた伊東は、同志たちとともに隊を辞めようとするが、新選組には脱隊を禁ずる隊規があった。一度入隊したら、クビにでもならないかぎり脱隊することはできないのだ。

そこで伊東は、合法的に隊を脱することのできる方法を考えた。この方法ならば、脱隊したあとも京都にとどまることができ、念願の尊王攘夷に尽くすことができる。策士と呼ばれた伊東の本領が発揮されたのである。

慶応三年（一八六七）三月十三日、近藤、土方と会談をもった伊東は、席上このように告げた。

「拙者は長州藩へ間者《かんじゃ》としてしのびいり、とくと内実を探ってみようと存ずる。それにはただいまのように新選組においては不便でござるによって、しばらく同志と別居いたさずばあいなるまい。ご両行はこれにご同意くださるまいか」

突然そういわれても、近藤と土方が承知するはずはない。伊東の頭のいいところは、近藤らが承知せざるをえない状況をもう一つ用意しておいたことだ。

それは、前年の十二月二十五日に孝明《こうめい》天皇が崩御《ほうぎょ》していたが、その陵墓《りょうぼ》を守る衛士《えじ》として、すでに自分たちが朝廷から任命されているというものだった。東山戒光寺《かいこうじ》の堪然《たんねん》という勤王僧と謀って実現させた秘策だった。

むろん近藤は伊東の心底を見抜いてはいたが、天皇の陵墓を守るといえば、尊王の志に厚い近藤は反対しにくい。そこが伊東の狙い目だったのだ。

結局、新選組からの分離というかたちで、近藤は伊東の脱隊を了承せざるをえなかった。伊東のこの日の日記には、「分離策を談ず、意のごとし」と得意げに記されている。

伊東とともに御陵《ごりょう》衛士を拝命し、新選組を分離することになったのは、次の十三人だった。

伊東甲子太郎　三木三郎　篠原泰之進　服部武雄　加納鷲雄　新井忠雄
毛内有之助《もうないありのすけ》　内海次郎　阿部十郎　橋本皆助　富山弥兵衛　藤堂平助　斎藤一

江戸試衛館出身の者が二人も名を連ねているのが注目される。このうち藤堂平助は、試衛館に出入りはしていたものの、それ以前に北辰一刀流を伊東のもとで修行していたという経過があった。師匠にあたる伊東を新選組に誘った張本人でもあり、御陵衛士参加もやむをえないところであっただろう。

斎藤一の場合は、最初はメンバーに加えられていなかったが、伊東は以前から近藤派の者のうち、この斎藤と永倉新八に食指をのばしていた。たとえば沖田総司のような、近藤と一心同体といえる者を手なずけるのは無理だったが、それ以外の者に関しては自派に引き入れることは決して不可能ではないと思っていた。

それで、近藤に向かって分離予定者を一とおり告げたあと、「このほかに永倉氏か斎藤氏を拝借したい」と申し入れたのだ。

これに対して近藤は、さほど困ったようすもみせず、

「しからば斎藤氏をお連れくだされても苦しゅうござらぬ」

と返答した。永倉、斎藤はともに隊内随一の剣客であり、どちらも近藤は手放したくはないはずだったが、意外にも斎藤の参加は簡単に許可された。

実は、近藤はこのとき斎藤に対して、御陵衛士に潜り込んで伊東の動向を探るように命じていたのだった。無口な剣術遣《つか》いという印象しかない斎藤が、まさかスパイであるなどとは、伊東も思いもよらなかっただろう。

三月二十日、伊東ら十三人は隊を出て、三条城安寺《じようあんじ》に一泊したあと、五条の善立寺《ぜんりゆうじ》に

☗高台寺下に位置する御陵衛士屯所跡(月真院)。

☗月真院。伊東たちは、ここで起居した。

入った。六月に東山高台寺《こうだいじ》の塔頭《たっちゅう》の月真院《げっしんいん》に移るまでの間、この善立寺が御陵衛士の屯所とされている。

俗に、彼らを称して「高台寺党」といったというが、高台寺に移ったのは六月になってからのことであるから、事実とは考えにくい。現に、幕末当時の史料に「高台寺党」と書かれたものはみられず、その名称が初めて紹介されたのは、昭和三年に平尾道雄が著した『新撰組史』においてのことなのである。

「その高台寺に在るを以《もっ》て山陵《さんりょう》衛士を高台寺党と呼ぶ」

平尾はこう書いているが、史料のうえでは現在のところ確認はできない。ちなみに、平尾と同時期に『新選組始末記』などの三部作を著した子母沢寛も、高台寺党の名称は使っていない。

やはり、彼らを呼ぶときは、正式名称の「御陵衛士」で統一すべきなのだろう。

四五　武田観柳斎と浅野薫の末路はどのようなものか

慶応三年（一八六七）六月十日、新選組は、その四年間にわたる功績を評価され、幕府直参《じきさん》に取り立てられることが決定した。

これまでもたびたび幕臣登用の話はあったが、そのつど近藤は辞退し続けてきた。理由は、幕臣登用という目の前の栄達よりも、攘夷の実現という理想にこだわっていたからだった。

しかし、時勢は移り変わり、理想論をとなえている時期ではなくなった。現実にはもはや攘夷は不可能であり、現政権の幕府を支持するのかしないのか、そのどちらかしか選択肢はなくなっていたのである。

そういうことならば、近藤のとる道は決まっていた。恩義のある幕府のためにとことんまで尽くす。そのためには、これまで辞退してきた幕臣取り立ての話も喜んで受けようと決心したのだった。

このとき幕臣となった新選組総員百五人の名簿が現存しているが、そのうち幹部隊士の格式は次のようなものだ。

見廻組与頭《くみがしら》格　局長　近藤勇
見廻組肝煎《きもいり》格　副長　土方歳三
見廻組格　副長助勤
　沖田総司　永倉新八
　井上源三郎　原田左之助
　山崎烝　尾形俊太郎
見廻組並　諸士調役兼監察
　吉村貫一郎　大石鍬次郎
　安富才介《やすとみさいすけ》　岸島芳《よし》太郎《たろう》
　安藤勇《ゆう》次郎《じろう》　茨《いばら》木《ぎ》司《つかさ》
　村上清　谷周平

局長近藤勇が見廻組与頭格ということで場所高三百俵の旗本となり、副長土方歳三は見廻組肝煎格で七十俵五人扶持《ふち》、副長助勤の沖田総司らが見廻組格で七十俵三人扶持、監察の吉村貫一郎らが見廻組並で四十俵、このほかに平隊士は見廻組御雇で十人扶持を与えられている。

このうち旗本、つまり将軍に謁見《えっけん》をゆるされる身分であるのは近藤のみで、土方以下の者は謁見できない身分の御家人《ごけにん》ということになった。格式としては、以前に提示のあったものよりむしろ後退しているようだが、そのことは彼らにとってさほどの問題ではなかったようだ。

彼らの頭にあったのは、威勢のおとろえた幕府を今後どうやってささえていくかということであり、個人の栄達はもはや二の次になっていたのである。

ところで、右の名簿のなかには幹部隊士である副長助勤が六人しか記されていない。この三月に、藤堂平助と斎藤一が御陵衛士として脱隊していたことが大きかったが、ほかにも当然そこにあるはずの武田観柳斎の名がみられない。

実は武田は、名簿の作成以前に新選組を脱隊していた。

長沼流兵法《ながぬまりゅうひょうほう》をよくし、軍事演習のさいには軍師として采配《さいはい》をふるった武田だったが、この年三月に幕府がフランス式兵制をとりいれたことで、その立場は揺らいだ。古流の長沼流は、もはや時代遅れということになり、隊に居場所がなくなってしまったのだ。

そこで武田は隊を脱走し、伊東甲子太郎らの御陵衛士に身を投じようとした。近藤らのように武力一辺倒ではなく、学問のある者が揃っている御陵衛士ならば、自分を歓迎してもらえると思っていたのだろうか。

しかし、伊東は武田の受け入れを拒否した。伊東は新選組から分離するさいに、今後はおたがいに隊士の受け入れは禁止するという協定を結んでいた。それを伊東は順守したのだろうが、あるいは武田を同志としてふさわしくない人物とみたのかもしれなかった。

伊東に拒絶された武田は、そのあと薩摩《さつま》藩に接触をはかっている。表面上は公武合体派をよそおっているが、その実では倒幕をもくろんでいることは明らかな薩摩藩である。この武田の裏切り行為を新選組は放ってはおかなかった。

六月二十二日、竹田街道の銭取橋付近で、新選組から送られた刺客によって武田は斬殺された。肩先から袈裟《けさ》がけに斬り下ろした、大きな傷跡がその遺体には残されていたという。

『壬生浪士始末記』(西村兼文著)には、この事件は慶応二年九月二十八日の出来事と記されているが、同書の成立はあくまでも維新後の明治二十二年のことである。その点、慶応三年六月二十二日という日付は、幕末当時の史料である『世態志《せたいし》』に記されたものなので、こちらのほうを信頼すべきだろう。

また同じころ、元隊士の浅野薫が御陵衛士の阿部十郎と接触している。浅野は前年の三条制札事件での失策が原因で追放された隊士だが、生活に困り、隊名を騙っての金策に手を染めていたのだ。

新選組からの追っ手におびえる浅野を、親しい間柄だった阿部が保護してやろうとしたが、衛士に加えることはできない。それで、伊東甲子太郎と親交のあった土佐藩の陸《りく》援隊《えんたい》で、浅野の身柄を預かってもらうことにした。

しかし、浅野の所在は、すぐに新選組側に察知された。沖田総司が追っ手として差し向けられ、葛野《かどの》郡川勝寺《せんしょうじ》村に浅野を追い詰める。

もともと医者の出身で、剣術はさほどの腕ではなかった浅野では、沖田にかなうはずもない。村を流れる桂川《かつらがわ》のなかに斬り捨てられるという、あわれな最期をとげたのだった。

四六　油小路の戦いで藤堂平助はなぜ助からなかったのか

御陵衛士として新選組を分離した伊東甲子太郎らは、晴れて尊攘運動に尽くそうとしたが、元新選組という肩書は予想以上に重かった。尊攘派陣営に加わろうとしても、警戒されてうまくいかないのだ。

しかも、慶応三年（一八六七）十月十四日には、十五代将軍の徳川慶喜《よしのぶ》が大政奉還を宣言し、政権は尊攘派のものとなった。

この急な時勢の流れに、伊東はあせった。早く何らかの実績をつくらないと、自分たちが何もしないうちに新しい時代が到来しかねない。

そこで伊東がくわだてたのは、新選組奪取計画だった。衛士随一の遣い手である斎藤一を刺客に送って近藤勇を暗殺し、同時に、ほかの衛士が新選組の幹部を殺害する。残りの隊士たちは説得して同志とし、新選組を御陵衛士がそのまま乗っ取ろうというものだった。

あの新選組を尊攘派に鞍替えさせることができたとなれば、周囲の伊東をみる目も違ってくるだろう。伊東は一躍、尊攘派の有力人物となりうるのである。

しかし、この陰謀は簡単にもれた。

刺客に任命された当の斎藤一が、近藤から送り込まれた間者だったからだ。

十一月十日、ひそかに月真院を出た斎藤は、新選組陣営に舞い戻った。新選組の屯所は、この六月十五日に西本願寺を引き払っており、醒ケ井七条下ル《さめがいしちじょうさが》の不動堂村に移転していた。これは、新選組の駐屯に迷惑していた西本願寺側が、全費用を負担して建てた新築の建物であった。

斎藤から伊東らの陰謀を聞いた土方は激怒して、

「月真院の裏山から大砲をぶっ放ち、表門からは鉄砲で銃撃して、衛士を全滅させる」

と息巻いた。それではあまりに騒ぎが大きくなると近藤にさとされ、結局、伊東をあざむいておびき寄せ、謀殺することに決した。

十一月十八日、不動堂村の新選組屯所にほど近い近藤の妾宅に招かれた伊東は、斎藤が寝返っていたことを知らなかったため無防備の状態にあり、宴席でしたたかに酔わされてしまう。

席にはむろん土方の姿もあったが、敵を酔いつぶれさせて殺害するというのは、芹沢鴨のときにも使った方法だった。この土方の得意技に、伊東はまんまとかかってしまったのだ。

泥酔しての帰り道、新選組の凶刃《きょうじん》が伊東を襲った。大石鍬次郎、宮川信吉《のぶきち》、横倉甚五《じんご》郎《ろう》、岸島芳太郎の四人が木津屋橋通りの物陰から飛び出して、伊東に斬りつける。

宮川の初太刀を伊東はとっさにかわしたが、酔いがまわっており視界が狭い。その左側面から大石の長槍がすばやく繰り出され、伊東の首筋を貫いた。

これが気管に達する致命傷となり、本光寺《ほんこうじ》の門前に倒れた伊東は、そこで息絶えた。策士といわれた伊東にしては、あっけない最期であった。

伊東を仕留めたという報告を受けた近藤は、その遺体を七条通りと油小路《あぶらのこうじ》通りの交差点まで運ばせた。そして、永倉新八と原田左之助を呼び、

「ご両所、かねて新選組のためにけしからぬ陰謀を抱く伊東甲子太郎は、先刻斬り伏せてござる。死体はそのまま七条の油小路に捨ておいてあるによって、おって高台寺の面々が引き取りにまいろうと存ずる。されば、この機会を利用して伊東の一味を絶滅せんと存ずるによって、これから七条へ同志を引き連れてご出張願いたい」

と指令を伝えた。伊東の遺体を囮《おとり》にして、御陵衛士を一気に全滅させようというのだ。

永倉と原田は、さっそく現場におもむき、付近の蕎麦屋《そばや》や民家に三十五人ほどの隊士を潜ませ、衛士がやってくるのを待ち伏せた。

一方、月真院の衛士のもとには、新選組から依頼された町役人が走り、

「ただいま伊東先生は土州《どしゅう》人と口論のうえ刃傷となり、敵は五、六人ですが、みな逃げ去りました。先生はいささか足に傷を受けられたので、駕籠《かご》を持って迎えに行かれるよ

うに」

と知らせた。

土佐藩士と刃傷というのは、もちろん事実ではないが、衛士たちは事情をすぐに察知した。もともと新選組の招きに応じて出掛けるというのは危険きわまりない行為だったのだ。不安が的中してしまったと、彼らは嘆き、怒った。

おそらくは伊東はもう生きてはいないだろうが、ともかく駕籠を用意して現場へ向かうしかない。三木三郎は伊東の実弟であったから、

「私一人で迎えに行こう。万一、近藤の術中におちいるようなことがあれば、後日、復讐をしてくれ」

と、単身出て行こうとしたが、衛士たちはみな、

「同志を見捨てられるか」

といって、全員で出掛ける支度を始めた。このあたりの衛士の団結の堅さはみごとなものだった。新選組にとっては敵である御陵衛士も、みな自分の理想のために命を賭けていた点は同じだった。

御陵衛士の総員は十三人だったが、そのうち橋本皆助は土佐陸援隊へ移籍して、すでに衛士ではなくなっていた。死んだ隊長の伊東と、スパイだった斎藤一を合わせて、人数が三人減っていたのだ。

しかも運の悪いことに、新井忠雄が十一月五日に同志募集のために江戸に下っていて、阿部十郎と内海次郎は、十八日の朝に伏見巨椋《おぐら》池に狩猟に出かけており不在だった。

実は、このほかに清原《きよはら》清、佐原《さはら》太郎、江田《えだ》小太郎の三人がひそかに新選組を脱走して衛士に合流していたが、新選組の目をはばかって伊勢《いせ》方面に出張させていたので、頭数に加えることはできない。

そのため、この晩、月真院に残っていた衛士は、篠原泰之進、三木三郎、服部武雄、藤堂平助、加納鷲雄、毛内有之助、富山弥兵衛のわずか七人に過ぎなかったのだ。

午前零時ごろ、現場の七条油小路に着いた七人の御陵衛士は、そこに伊東の変わり果てた姿を見た。仕方なく、用意した駕籠に遺体を収容しようとしたそのとき、油小路の南側から二十人、西側から十五、六人の新選組隊士が飛び出してきた。

伏兵の新選組は、みな鎖帷子《くさりかたびら》を着て武装し、白刃《はくじん》をひらめかせている。旧知の者たちに騙し討ちされたと知った藤堂平助は、「察したり」といって抜刀し、真っ先に斬り合いをはじめた。

服部武雄、毛内有之助も続いて抜刀し、民家の門柱を背にして敵を迎え撃つ。篠原泰之進、富山弥兵衛、三木三郎、加納鷲雄の四人は早々と現場から脱出したため、藤堂、服部、毛内の三人がその場に残されることになった。

永倉と原田は、昔なじみの藤堂の顔をみて困惑したが、かねて近藤から、

⬅伊東が斬殺された本光寺門前。

➡油小路。七条通りとの交差点が、新選組を二つにわっての死闘の場所。翌日の道端には、斬り合いによって多数の指が落ちていたという。

「藤堂が来るかもしれないが、もし姿が見えたら命は助けるように」

といわれていたので、わざと道をあけて逃がそうとした。この情けあるふるまいに気づいた藤堂は、身をかわして脱出しようとする。

しかし、そのとき、事情を知らない新入隊士の三浦常次郎《つねじろう》が、藤堂の背中に袈裟がけに斬りつけた。

藤堂は振り向きざまに三浦の両膝を斬るが、すぐに、ほかの隊士たちに取り囲まれてしまう。全身に無数の刀創を受けた藤堂は、ついに刀を握りしめたまま、その場に倒れて絶命する。まだ二十四歳の若さであった。

毛内有之助は、柴岡剛三《しばおかごうぞう》の太刀を胴に受けて倒され、そのあと五体が離れ離れになるほどの乱刃をあびた。服部武雄は二刀流をふるって奮戦し、島田魁や岸島芳太郎を負傷させるが、最後は原田左之助が繰り出した槍に討ち取られた。

乱闘が終わったとき、時刻はすでに夜明け間近の午前四時になっていた。

七条油小路に四人の遺体が放置され、御陵衛士は事実上壊滅した。新選組の歴史は内部抗争の歴史といっていいが、その最大にして最後の抗争が、こうして終わったのだった。

四七　復讐の銃弾に襲われた近藤勇の運命は

慶応三年（一八六七）十二月九日、王政復古の大号令が発せられ、倒幕派の薩摩藩、長州藩を中心とする新政権が樹立された。

徳川慶喜は政権を手放したとはいえ、徳川家の主として新政権に参加するつもりであったのだが、強硬な倒幕派はそれを認めなかった。同日夜に行われた小御所《こごしょ》会議で、慶喜に徳川家の領地をすべて返上させることが決定されたのだ。

これに応じれば、徳川家の力はまったく無にひとしくなり、旧幕臣たちも路頭に迷わせることになる。進退に困った慶喜は、十二日に兵を率いて京都を離れ、大坂城に移った。

新選組も、十四日には若年寄《わかどしより》の永井尚志《なおゆき》に従って大坂に下り、天満《てんま》天神に宿陣する。さらに十六日、永井の指示で伏見に布陣することになった。倒幕派との武力衝突の気運が高まっており、もし両軍が戦端を開けば、伏見が激戦地になることが予想されたからだった。

新選組の本陣は元伏見奉行所の建物とされ、隊士総員約百五十人が収容された。戦争をおそれて何人かの脱走者は出たが、隊士の大半は、いさぎよく決戦にのぞむ覚悟を決めていた。

しかし十八日、新選組に大きな打撃を与える事件が起きた。二条城での軍議を終えた近藤勇が、乗馬で伏見に帰ろうとしていた途中、伏見街道の墨染《すみぞめ》付近で鉄砲で狙撃されたのだ。

下手人は、前月に壊滅させたはずの御陵衛士の残党の篠原泰之進らだった。篠原らは七条油小路を脱出したあと、薩摩藩邸にかくまわれ、新選組に報復する機会をねらっていたのだ。

富山弥兵衛によって撃ち放たれた鉄砲の弾丸は、馬上の近藤の右肩に命中した。このとき近藤にしたがっていた護衛の兵は、島田魁、横倉甚五郎、井上新左衛門、馬丁《ばてい》の芳介のわずか四人だったが、彼らはとっさに近藤の馬の尻を刀でたたいて走らせた。

近藤は激痛に耐えながら、落馬しないように鞍壺《くらつぼ》につかまり、そのまま伏見奉行所まで走り去る。護衛の隊士たちは身を挺して近藤の逃走を助け、島田と横倉は命からがら脱出に成功したが、井上と芳介の二人は闘死した。

ほどなくして、奉行所の本陣に土煙を上げて駆け込んだ近藤は、

「誰かいないか！　誰かいないか！」

といって馬から降りた。

事態を知った新選組では、永倉新八が、

「一番組、二番組の者は続け！　続け！」

と叫びながら、押っ取り刀で駆け出した。

一番組の組長はもちろん沖田総司だったが、このころになると持病の肺結核が目に見えて悪化していた。近藤が撃たれるという緊急事態にもかかわらず、出動できるような体ではなかったのだ。

それで、永倉が二組の隊士を引き連れて現場に急行したものの、すでに敵は逃げ去っていた。しばらくしてから隊士たちは、

「いまいましい野郎だ、いまいましい野郎だ」

と口々にいいながら奉行所に帰ってきた。

このとき受けた近藤の負傷は、意外に重症だった。銃弾は右肩の骨を砕いており、伏見の町医者程度ではどうすることもできない。早く本格的な治療を受けないと、手遅れになるおそれがある。

当時、大坂城には幕医松本良順が滞在していたが、良順ならば治療技術も確かであり、近藤とは顔見知りでもあった。そのため、この良順の治療を受けるのが最善の方法ということになった。

二十日、土方歳三にあとのことをまかせ、近藤は大坂に下った。このとき、近藤は病

気の沖田を大坂まで同行させている。自分のけがの治療をするかたわら、すでに戦うことのできなくなっていた沖田を静養させようと思ったのである。

近藤を失った新選組では、倒幕派との一戦にのぞみ、土方が代わりに指揮をとることになった。土方は、隊士たちに、「月」といえば「星」と答えるという合言葉を伝え、伏見市中を毎日厳重に巡邏《じゅんら》させた。

すると、ある日、永倉新八が奉行所内であやしい手紙をひろった。開封してみると、それはなんと、自分の部下の小林啓之助《けいのすけ》が御陵衛士残党の篠原泰之進らにあてたものだった。

しかも、手紙の中身には新選組の機密がことごとく記されている。小林は、御陵衛士が新選組に残していった間者だったのだ。おそらくは近藤が墨染で狙撃されたのも、小林の通報によるものだったのだろう。

近藤が送り込んだ斎藤一と、伊東が隠しておいた小林啓之助。両陣営の間では、激烈なスパイ合戦が展開されていたのだった。

永倉からの報告を受けた土方は、

「このときにあたって同志のうちから、かくのごとき反逆者を出したとあっては、隊士の動揺をきたすおそれがある」

といい、小林を内密のうちに殺害しようということになった。

さっそく永倉が小林を呼び出し、土方の前に連れていくと、意を含めておいた島田魁が飛びかかり、自慢の怪力で首をしめて殺してしまった。遺体は極秘のうちに処分され、表面上は何もなかったかのようにふるまわれた。

慶応三年は、こうして波瀾のうちに暮れた。

年明けにでも始まる倒幕派との武力衝突は、もはや避けられない情勢となっていた。

盟友近藤のいない伏見の本陣で、土方は、来るべき決戦に向けて静かに闘志を燃やすのだった。

第四章　士道散華

四八　鳥羽伏見で甥が目撃した井上源三郎の最期とは

慶応《けいおう》四年（一八六八）から翌年にかけて、わが国を揺るがせた内乱を戊辰《ぼしん》戦争という。その幕開けとなったのは、京都南方の鳥羽と伏見を舞台に起こった鳥羽伏見《とばふしみ》の戦いだった。

慶応四年の一月三日、薩摩《さつま》藩、長州《ちょうしゅう》藩を中心とする新政府軍と、旧幕府軍が、まず鳥羽方面で衝突した。きっかけは、大坂を本拠地とする旧幕府軍が、薩摩藩の悪事を書きつらねた「討薩の表」を携えて入京しようとしたことだった。

午後五時、旧幕府大目付滝川具挙《ともたか》の率いる軍が、薩摩藩兵の守備する鳥羽口を強引に突破しようとしたため、薩摩の大砲が最初に火を吹いた。簡単に入京できるだろうと考えていた滝川軍は、大あわてになるが、佐々木唯三郎《たださぶろう》率いる見廻組《みまわり》などが踏みとどまって、戦闘を開始する。

この鳥羽方面の砲声は、新選組や会津《あいづ》藩兵の布陣する伏見方面にも聞こえた。永倉《ながくら》新八、原田左之助《さのすけ》ら二十五、六人の新選組隊士は、そのとき奉行所《ぶぎょうしょ》内の集会所で酒を酌《く》み交《か》わしていたが、開戦を知って、戦闘準備にかかる。

しかし、御香宮神社《ごこうのみや》に布陣していた薩摩軍は、先手を取って大砲を撃ち放ち、伏見奉行所の旧幕府軍を攻撃した。これにより伏見方面も戦闘に突入したのだった。

御香宮は、伏見奉行所とは一五〇メートルほどの至近距離に位置しており、しかも高台にあったため、奉行所を見下ろす形になっていた。眼下の奉行所めがけて、砲弾が十発ほど降りそそぎ、建物は次々と撃ち砕かれる。

旧幕府軍側の大砲は、林権助《ごんすけ》の会津砲兵隊が持つ一門しかなく、それで撃ち返したものの、大砲の数も性能もまさる薩摩軍の猛攻には苦戦をしいられた。

そこで、新選組の指揮官土方歳三《ひじかたとしぞう》は、永倉新八を呼んでいった。

「永倉、土塀《どべい》を乗り越えて斬り込んでくれ」

得意の白兵戦で戦況を打開しようというのだ。そのための決死隊として、永倉新八の二番組が選ばれた。意気に感ずるタイプの永倉は、こういうときには頼りになる男だった。

伍長《ごちょう》の島田魁《かい》、伊東鉄五郎《てつごろう》以下の隊士を従え、永倉は奉行所の土塀を乗り越えて突撃した。御香宮の左側面を駆け抜け、敵の背後を突こうというのだ。

しかし、途中で薩摩の歩兵隊に出くわし、小銃による銃撃を浴びてしまう。そのため、永倉隊は数人の隊士が撃ち倒され、それ以上進むことは不可能となった。

やむなく退却と決したが、このとき重い銃創《じゅうそう》を負い、動けなくなった隊士が、

「永倉サン、首を打テ」

とみずから申し出たと伝わっている。この言葉は、永倉の『浪士文久《ぶんきゆう》報国記事』の原文のままだが、はっとさせられるような記述である。

近年発見された『浪士文久報国記事』の、史料的価値についてはさまざまにいわれているが、私は、この台詞《せりふ》の部分には感動した。組長永倉と、隊士たちとの信頼関係が伝わってくるようで、胸を打たずにはいられない。

おそらく永倉は、深手《ふかで》を負ったその隊士を、連れて引き上げようとしたのだろう。しかし、それでは退却の足手まといになるのは目に見えていた。そう考えた隊士は、自分の首をはねて、置いていってくれと懇願《こんがん》したのだった。

永倉はしかたなく、その隊士を介錯《かいしやく》してやり、残りの者を引きまとめて撤退《てつたい》したという。

隊士の名は伝わっていないが、この日、新選組では和田十郎《じゆうろう》、宮川数馬《かずま》の二人の戦死が確認されている。彼らのうちのどちらかであったに違いない。

奉行所へ戻った永倉は、土塀を乗り越えようとしたが、武装が重くてなかなか昇ることができない。そこで島田魁が鉄砲を上から差しのべ、永倉を軽々と引き上げたので、周囲の者はみな、その怪力に驚いたという。ほかの隊士たちも梯子《はしご》を使って土塀を昇り、なんとか無事に生還できたのだった。

➡伏見奉行所跡。

⬆薩摩藩の陣地となった御香宮神社。

この一月三日の戦闘は、勝敗を決するには至らなかったが、薩摩軍の激しい砲撃によって、伏見奉行所が炎上してしまった。やむなく真夜中の午前三時ごろ、新選組や会津藩兵は淀《よど》へ向けて兵を引き上げる。

しかし四日、淀堤の千両松《せんりようまつ》に布陣した新選組に悪い知らせがもたらされた。朝廷から征夷《せいい》大将軍に任ぜられた仁和寺宮嘉彰《にんなじのみやよしあき》親王の陣中に、錦《にしき》の御旗《みはた》が掲げられたというものだ。

錦旗《きんき》は官軍である証拠であり、歯向かえば賊《ぞく》軍の汚名を着せられることになる。どちらにつくか迷っていた諸藩の動向は、いっせいに新政府支持にかたむいた。

五日の午前十時ごろ、千両松の新選組は、長州藩兵を中心とする新政府軍と交戦する。しかし、近代兵備の長州軍には歯がたたず、多くの隊士が銃弾を浴びて戦死した。

なかでも、天然理心流《てんねんりしんりゅう》生え抜きの井上源三郎《げんざぶろう》の死は痛手《いたで》だった。その死の状況を、そばに付き添っていた甥の隊士井上泰助《たいすけ》が語り残している。

「おじさんは普段は無口でおとなしい人だったが、一度こう思いつめると、テコでも動かないところがあった。鳥羽伏見で大坂へ引き上げの命令が来たが、それも聞かず戦い続けていた。弾丸に当たった時は手当のひまもなく息絶えてしまった。おじさんの首と刀を持って隊士の人達と一緒に大坂へ向かって歩き出したが、人間の首というものが、あれほど重いものだとは思ってもみなかったことだった。一行におくれがちだったため、一緒にいた隊士から『泰助、その首を持って歩いていたら皆から遅れて敵に捕まってしまう。残念だろうが捨てろ』と言われ、仕方なく、とある寺の門前の田圃《たんぼ》を掘って首と刀を埋め、さらい込まれるように舟へ乗せられ大坂へ引揚げた」

井上泰助は、源三郎の兄松五郎《まつごろう》の子で、このときまだ十二歳。前年の十月、叔父の源三郎が江戸に下ったさいに同行して上洛したばかりの少年だった。入隊後は近藤、土方の小姓《こしょう》のような仕事をつとめていたが、入隊してすぐに遭遇した戦争や叔父の死という現実に、とまどうばかりであったことだろう。

四九　鳥羽伏見の敗戦を知った近藤勇はどうしたか

慶応四年（一八六七）一月五日の新選組の戦死者は、一日だけで十五人を数えた。顔ぶれは次のようだった。

井上源三郎　山崎烝《すすむ》　真田四目之進《さなだしめのしん》　田村大三郎《だいざぶろう》　古川小二郎《こじろう》　今井祐次郎《ゆうじろう》
三品《みしな》一郎　小林峰三郎《みねさぶろう》　鈴木直人《なおと》　林小五郎《こごろう》　水口市松《いちまつ》　逸見勝三郎《へんみかつさぶろう》　諏訪市二郎《すわいちじろう》
桜井数馬　池田小三郎《こさぶろう》

このうち山崎烝は、即死したのではなく、重傷を負ったのちに江戸へ向かう船の中で落命したものだった。試衛館《しえいかん》出身者が幅をきかす新選組にあって、いわゆる「外様《とざま》」の身でありながら、隊のために尽くした有能隊士の最期だった。

また、池田小三郎は新選組の撃剣師範《げきけんしはん》をつとめた隊士で、真田四目之進と鈴木直人は同じく撃剣教授心得《こころえ》の任にあった。「心得」というのは「代理」という意味で、つまり撃剣師範の補佐をしていた者たちだった。

三人とも、剣術は隊内屈指《くっし》の腕であったわけだが、やはり飛び道具の前にはどうすることもできず、銃弾を受けて即死した。あたかも、刀槍《とうそう》中心の新選組の限界を示唆《しさ》するかのような三人の死であった。

指揮官の土方歳三は、同郷の井上源三郎をはじめとする多くの隊士を死なせてしまい、責任を感じていたのだろうか。夕刻に旧幕府軍は橋本まで退却と決したが、一人で最後まで戦場に踏みとどまっていた土方の姿が目撃されている。

旧幕府軍の兵糧方《ひょうろうかた》をつとめる幕臣坂本柳佐《りゅうすけ》が、やはり淀から退却せずにいると、土方がやってきて、

「どうも君たち、ここで兵糧を弄《なぶ》っていてはいかんじゃないか。もう小橋も敗れてしまって味方がおらん」

と注意した。坂本は反論して、

「いやしかし、松平豊前守《ぶぜんのかみ》とも約束して、この地をわが死するところと覚悟したから、一歩も動かないつもりだ」

という。松平豊前守正質《まさただ》は元老中格《ろうじゅうかく》で、旧幕府軍の総督《そうとく》の任にあった。これを聞いた土方は、

「なに、もはやその松平は八幡《やわた》のほうへ引き揚げた」

と告げたので、坂本は驚いて退却を始めたという。敗戦の混乱で、軍の指揮系統も無

きにひとしいものになっていたのだった。

　翌六日の橋本の戦闘でも、新選組は大敗を喫し、青柳牧太夫《あおやぎまきだゆう》、宿院良三《しゆくいんりようぞう》、坂本平三《へいぞう》、向館登《むこうだてのぼる》の四人が戦死した。ついに全軍、大坂まで退却ということになり、新選組はなじみ深い八軒家《はつけんや》の京屋忠兵衛《ちゆうべえ》方に入った。

　翌七日、大坂城二の丸に登城した土方歳三は、そこで近藤勇《いさみ》や沖田総司《そうじ》に再会し、無念の敗戦を報告したことだろう。

　敗戦を知った近藤は、どう思ったか。

　この日、大坂城では旧幕府軍の軍議が開かれたが、論は恭順《きようじゆん》と主戦の二つに分かれていた。席上、近藤は主戦論者の先鋒として、衆を前にこう主張した。

「願わくば小臣《しようしん》に兵三百をたまえ。たとえ創《きず》いえずとも、死をもって当城を防守いたしなば、ひと月を支ゆるは容易のこと。その間に公にはご東下ありて兵を関東に徴《ちよう》せられ、援兵として差し向けられよ。臣はその援兵の到着を待って、西軍と決戦を試み申すべし。幸いにして勝てば向背《こうはい》に迷える列藩《れつぱん》の望みをつなぎて後事《こうじ》を画《かく》するにたるべく、不幸にして敗るれば城を枕に討ち死にいたさんのみ。かくてこそ地下の東照公《＊とうしよう》にまみえてことばあるべし。いたずらに堅城を敵に委《まか》して去るは、策の得たるものに候わず」

　ひとり、意気盛んだったのだ。

　しかし、やがてそんな近藤らを驚かせ、かつ落胆させる知らせが飛び込んできた。そ

＊東照公＝「東照大権現」徳川家康。

れは、この前夜に徳川慶喜《よしのぶ》が、わずかな側近たちとともに大坂城を密かに脱出して、天《てん》保山《ぽうざん》沖の軍艦開陽《かいよう》丸に乗り移っていたというものだった。

兵士たちを置き去りにしたまま、自分だけ江戸へ逃げようというのだ。この信じられない行為に、旧幕府軍の戦意は一瞬にして消え失せてしまった。

兵士たちも、仕方なく陸路と海路に分かれて江戸へ退却することになった。新選組は海路で、二隻の軍艦に分乗した。一月九日、永倉らが先発として順動《じゅんどう》丸に乗り込み、十日には近藤、土方らが負傷者とともに富士山《ふじさん》丸に乗って天保山沖を出航する。

鳥羽伏見の開戦前に百五十人を数えた新選組も、二十二人が戦死をとげていた。ほかに混乱にまぎれて脱走した者も十二人あったので、江戸に向かった隊士総員は百十六人ということになった。

富士山丸の船上では、沖田総司がほとんど寝たきりになっていたが、口だけは達者で、ほかの負傷者たちに向かって冗談ばかりいっていた。自分でも笑いころげるものだから、咳《せき》が出てとまらなくなることもあり、

「笑うとあとで咳が出るので閉口《へいこう》するな」

などとぼやいていたという。

沖田にとっては、文久三年（一八六三）の上洛《じょうらく》以来、五年ぶりの江戸帰還ということになった。

ただし、あのとき一緒に京に上った試衛館の八人のうち、すでに山南敬助《やまなみけいすけ》、藤堂平助《へいすけ》、井上源三郎はこの世にいない。そればかりか、沖田自身の命さえ風前の灯火《ともしび》となっている。

彼らを翻弄《ほんろう》する運命のような荒波に揺られながら、船は一路江戸へと向かうのだった。

五〇　甲陽鎮撫隊はなぜ簡単に敗れたのか

鳥羽伏見の戦いに敗れた新選組は、二隻の軍艦に分乗して江戸に退却し、一月十二日に順動丸、十五日に富士山丸がそれぞれ品川沖に到着した。

近藤勇は江戸に着いた翌日の十六日、さっそく江戸城に登城しているが、そこで、佐《さ》倉《くら》藩の江戸留守居役《るすいやく》をつとめる依田学海《よだがっかい》と面会した。依田が、鳥羽伏見の戦いについて尋ねると、近藤は、

「私は負傷していたので戦いに臨んでいないのです」

と答え、その代わりとして背後に控えていた土方を紹介した。

依田があらためて土方に戦況を尋ねると、土方は敗戦のようすを詳しく説明し、最後にこうつけくわえた。

「これからの武器は銃砲でなければだめです。私は剣と槍をとって戦いましたが、まったく役に立ちませんでした」

自分が精魂《せいこん》込めて創り上げた新選組が、近代兵器の前にあえなく敗れ去ったことに対する実感であっただろう。

しかし、土方は負けっぱなしではなかった。

敵が洋式でくるなら、こちらもそれで対抗すればいい。そう考えた土方は、羽織《はおり》、袴《はかま》を捨てて、西洋の軍服を購入した。総髪《そうはつ》のまげも切り落とし、ざんぎり頭となった。これからの戦いにそなえて、みずから近代戦争の指揮官へと変身をとげたのだった。

二月十二日、近藤がふたたび江戸城に呼び出された。徳川慶喜が上野の寛永寺《かんえいじ》で謹慎するというので、その警護を新選組に命ずるというのだ。賊軍となることを極度におそれた慶喜は、みずから謹慎生活に入ったのである。

旧幕府軍の総帥《そうすい》である慶喜が恭順の態度をとっていることには、近藤は不満だった。このままでは、西から進攻してくる新政府軍に、みすみす江戸を明け渡すことになってしまう。

そこで近藤は、甲府勤番《こうふきんばん》の幕臣佐藤駿河守《するがのかみ》らとはかって、甲府城に立てこもり、新政府軍の進攻をくい止める作戦を考えた。もともと甲府城は、徳川家にとっては江戸西方の防衛の拠点であったから、近藤のねらいは的を射たものだった。

これには、幕府の陸軍総裁《そうさい》となっていた勝海舟《かつかいしゅう》も賛成し、さっそく軍資金二千四百両ほどと大砲二門を与えている。もっとも、海舟は新政府軍を本気でくい止めようとしたわけではなかった。

新選組のような危険な集団を、このまま江戸に置いていては、どんな不測の事態を招くかわからない。そこで、近藤から甲州出兵の申し出があったのを幸いに、彼らを江戸の外へ追い出してしまおうと考えたのだった。

　そんなこととは知らない近藤は、副長の土方歳三、副長助勤《じょきん》の沖田総司、永倉新八、原田左之助、斎藤一、尾形俊太郎《おがたしゅんたろう》、監察《かんさつ》の大石鍬次郎《くわじろう》、近藤隼雄《はやお》ら生き残りの幹部たちを集め、

「首尾よく甲府城が手に入らば、隊長は十万石、副長は五万石、副長助勤は各三万石、監察は一万石ずつ分配しよう」

　などと景気のいい話をしたという。生来《せいらい》の楽天家であったのかもしれない。

　新選組の人数は、江戸到着後に脱走者が相次いだため七十余人にまで減っていた。そのため援軍として浅草の弾左衛門《だんざえもん》の配下百人が加わり、総勢は百七十余人となる。隊名を甲陽鎮撫隊《こうようちんぶたい》とあらためた彼らは、三月一日に江戸を出発した。

　このとき、幕臣大久保剛《つよし》と名を変えた近藤は、髪をうしろに束《たば》ね、黒の丸羽織に白緒《しらお》の草履《ぞうり》をはいた大名のような風采《ふうさい》だった。そのうえ大名なみの長棒引戸《ながぼうひきど》の駕籠《かご》に乗り、これから戦争に行くような感じはまったくなかったという。

　一方の土方は、幕臣内藤隼人《はやと》と名乗っていたが、洋装断髪《だんぱつ》で馬上にあった。

「先生はなかなかハイカラでして、洋服を着て馬上です」

　とは、隊士池田七三郎《しちさぶろう》の感想である。土方の洋装はもちろん戦闘のためのものだった

が、ファッションとしてもさまになっていたのだろう。

三月一日に出発した甲陽鎮撫隊は、その日は内藤新宿泊まりで、二日は調布《ちょうふ》と日野《ひの》を通過した。調布と日野は、近藤と土方のなつかしい故郷である。二人が出世をして、故郷に錦を飾ったというので、地元では大歓迎となった。

親戚や知人が次々にやってきて祝い酒をすすめる。近藤は伏見で狙撃された負傷がまだ癒《い》えず、右腕が上がらない状態であったのだが、左手に杯を持ってぐいぐいと飲んだ。故郷の人々の手前、弱みを見せることはできなかったのだ。

この甲州出兵には、沖田総司も病身をおして加わっていた。日野宿の佐藤彦五郎《ひこごろう》家に立ち寄ったとき、沖田は見送りの一同に向かって、

「池田屋で斬りまくったときはかなり疲れましたが、まだまだこのとおりです」

と、相撲《すもう》の四股《しこ》を踏むまねをしてみせたという。一同のなかにいた土方の長兄で盲目の為次郎《ためじろう》が、これを聞いて、「えらいえらい、その勇気で押し通せ」と大声で激励した。

しかし、沖田の体力はすでに限界に達していた。病状が進み、日野までついてくるのが精一杯の状態だったのだ。

このあと沖田は、涙をのんで同志たちと別れ、江戸に引き返さざるをえなかった。新選組の天才剣士沖田総司も、ついに完全に戦線を離脱することになったのである。

甲陽鎮撫隊は、三月二日は八王子、三日は与瀬《よせ》、四日は駒飼《こまがい》に宿陣するが、五日に勝《かつ》

沼《ぬま》に入ったとき、めざす甲府城がすでに前日に新政府軍の手に落ちたという報告が届いた。

板垣退助《たいすけ》を参謀《さんぼう》とする新政府軍の東山道《とうさんどう》先鋒総督府《そうとくふ》の一部が、進路を変更して要害《ようがい》の甲府城を接収《せっしゅう》したのである。近藤の大誤算だった。

これについて、故郷の調布や日野で歓待を受けていたために新政府軍に先を越されたという説があるが、必ずしも当たっているとはいえない。進軍の速度が若干鈍ったのは事実だが、行程からみればそれほどのロスにはなっておらず、順当に進んでいたとしても新政府軍より早く甲府に着くのは難しかったのだ。

とはいうものの、敵に先を越されたことに、隊内は動揺した。もともと鎮撫隊のなかでも、弾左衛門の配下の者は戦争に不慣れであったので、この状況を見て脱走する者が続出する。

たちまちのうちに総勢は百二十一人にまで減少した。近藤はやむなく、

「会津兵六百人が猿橋までやってきており、明朝には間に合うはずである」

と、隊士たちを偽《いつわ》った。そうでもしなければ、隊は本当に瓦解《がかい》しそうな状態だったのだ。

援軍が来るというのも、あながち嘘ではなく、実は甲陽鎮撫隊が江戸を出発するときに、菜葉隊《なっぱたい》という旗本の部隊があとから加勢すると約束してくれていた。

この菜葉隊に出陣を催促《さいそく》するため、副長の土方がみずから江戸へ下ることになった。六日早朝、土方は単騎、甲州街道を駆け出した。

途中、日野の佐藤家へ立ち寄った土方は、

「江戸へ援兵を願いに行くのです。どうも兵隊が足りなくて、戦争になりません」

と話し、

「慶喜公の御前《ごぜん》へも出て申し上げる考えだが、どうもこの洋服では御前体《てい》が困るから」

そういって、羽織、袴を借り、早駕籠で江戸へ向かっている。洋服はまだ最先端のファッションであり、公式の場で着るのははばかられたのだろう。

しかし、結局、援軍は動かなかった。いざとなると幕閣《ばっかく》の腰は重く、約束など無視されてしまったのだ。

しかも、土方が江戸へ向かって間もない六日の正午ごろ、早くも両軍の間に戦端が開かれていた。近藤は柏尾《かしお》の大善寺《だいぜんじ》付近に本陣を置いて敵を迎え撃ったが、板垣軍の兵力は千四百余人と、鎮撫隊の十倍以上だった。

戦闘は午後二時ごろまで行われたが、圧倒的な兵力差の前に、鎮撫隊はなすすべもなく敗れ去った。本陣の近藤も危険にさらされたが、隊士沢忠助《さわちゅうすけ》は、裸体になって近藤の馬前を守り、また佐々木一は、敵中に一人で斬り込んで血路《けつろ》を開き、近藤の危機を救ったという。

勝敗があっけなくついたためか、戦死した新選組隊士は、加賀爪勝之進《かがつめかつのしん》、上原栄作《えいさく》の二人だけであり、比較的損害は少なかった。しかし、表面的な損害よりも、もっと大事なものをこの日、近藤は失ってしまう。

それは大将としての信用だった。敗退した鎮撫隊は吉野《よしの》宿まで引き上げたが、そこで踏みとどまって戦おうとする近藤に対して、隊士たちは、

「隊長たる者が味方を偽るようになっては、もはや隊長の指揮は受けない。今日に至っても応援は来ないではないか」

こう立腹していい、みな八王子へ勝手に退却してしまった。援軍が来ているという嘘をついたのが、裏目に出たのだ。

甲府城を乗っ取って、文字通り一国一城の主となろうとした近藤の野望は、こうしてみずからの信用とともに雲散霧消《うんさんむしょう》したのだった。

五一　近藤勇は流山でなぜ新政府軍に投降したのか

新選組は甲州勝沼の戦いに敗走後、散り散りになって江戸に引き上げた。すでに隊は、近藤勇、土方歳三らの本隊と、永倉新八、原田左之助らの一派に分裂していた。

しかも、三月十一日ごろに行われた会談で、近藤が永倉らを家来扱いする発言をしたため、両派の対立は決定的となった。

「二君に仕えざるが武士の本懐でござる。これまで同盟こそすれ、いまだおてまえの家来には、あいなり申さぬ」

永倉はそういい放ち、原田とともに席を立った。二人とも試衛館以来の古い同志であったが、敗戦が続いたことにより悪化した関係は、ついに修復できなかった。

近藤のもとを去った二人は、矢田賢之助《やだけんのすけ》、林信太郎《しんたろう》、前野五郎、中条常八郎《つねはちろう》、林庄吉《しょうきち》ら同調する者とともに、靖共隊《せいきょうたい》と称する一隊を結成し、新選組とは別に戊辰戦争を戦うことになる。

一方、再起をはかる近藤は、隊の陣容《じんよう》を建て直したのちに奥州《おうしゅう》会津に向かうつもりでいた。江戸での抗戦が無理となれば、新選組ともなじみの深い、佐幕《さばく》派の強藩会津に頼るしか道は残されていなかったのだ。

　二十余人の負傷者を会津に先発させたあと、近藤は残る五十人ほどの隊士を率い、三月十四日に武州《ぶしゅう》足立郡《あだちごおり》の五兵衛新田《ごへえしんでん》に布陣する。そこで新規の兵を募集したところ、希望者が続々と集まり、やがて二百二十七人もの人数を数えるようになった。

　四月一日、五兵衛新田をあとにした彼らは、いよいよ会津へ向かうべく、江戸川を渡って翌日、下総流山《しもうさながれやま》に転陣した。流山では、味噌屋《みそや》の長岡屋《ながおかや》に本陣を置き、近くの光明院《こうみょういん》という寺にも隊士を分宿させた。

　しかし、ここで予想外の事態が起こった。四月三日昼、新政府軍が突如攻め寄せ、長岡屋の本陣を包囲してしまったのだ。

　たまたま兵士たちは軍事訓練のために数キロ離れた山野に出掛けており、本陣に残っていたのは、近藤、土方のほか数人の者だけだった。

　そこで、土方が二人の護衛を連れて敵陣へおもむき、変名《へんめい》の幕臣内藤隼人のままで、新政府軍の指揮官有馬藤太《ありまとうた》（薩摩）の尋問を受けた。有馬が、

「どこの兵で、どのような理由で屯集《とんしゅう》していたのか」

　と問うと、土方はこう答えた。

「最近、江戸表《おもて》から歩兵が脱走し、ほうぼうで乱暴をしており、またこの付近の農民も一揆《いっき》を起こしているとのことで、それらを取り締まるために出張しているのです。決し

て官軍に対して失礼をするつもりはありません」

もちろん、敵をあざむくために土方が考えた言い訳である。もし新選組という正体がばれていないのなら、流山鎮撫のために派遣された幕臣の一団であるといい通すしかない。

しかし、それではさすがに有馬も承知しなかった。

「江戸表が謹慎恭順している折り、取り締まりと申されても、兵威《へいい》を張っていることは納得できない。乱暴や一揆を起こす者があれば、官軍総督府が鎮定するので、そのほうたちの預かることではない」

こういって、土方のいい分をはねつけた。確かに、どう考えても有馬のほうに理があり、土方の立場は苦しくなった。有馬は続けて、

「即刻、兵器を差し出して誠意を表せば、それなりの処分もあるが、万一遅延《ちえん》すれば、ただちに誅伐《ちゅうばつ》を加えることになる」

と告げた。土方は了解して、本陣の長岡屋へ帰り、対応策を近藤と協議した。

しかし、対応策といっても、もはやいい逃れるすべはない。絶体絶命の事態に、近藤はすべてをあきらめた。武士としての誇りを守るため、いさぎよく自刃《じじん》することを決意する。

むろん、土方は反対した。

「ここで割腹《かっぷく》するのは犬死にだ。運を天にまかせて総督府へ出頭し、あくまで鎮撫隊を主張して、説破《せっぱ》することこそ得策だろう」

と近藤を説得した。武士の誇りも大事だが、みずから死を選んでしまっては、開かれる運命も開かれないままに終わる。可能性がわずかでもあるかぎり、それにかけるべきだと近藤を投降《とうこう》させたのだった。

これを承諾した近藤は、同日夕刻、野村利三郎《りさぶろう》と村上三郎の二人を供につけて、新政府軍の陣営に下った。ただし、新選組の近藤勇であることは明かさず、このころ名乗っていた幕臣大久保大和《やまと》の名で通すことにした。

有馬藤太に従い、越谷《こしがや》に連行された近藤は、翌日、駕籠で板橋《いたばし》の総督府に送られている。

一方、土方はひそかに江戸に入り、勝海舟と若年寄《わかどしより》の大久保一翁《いちおう》に近藤の助命を依頼した。二人が書いた助命嘆願の手紙は、相馬主計《そうまかずえ》によって板橋に運ばれるが、相馬はそこで身柄を拘束されてしまった。

近藤の従者のうち、村上三郎は途中で流山に引き返していたが、残る野村と相馬の二人は、しばらくの間、近藤とともに捕われの身となる。

板橋の新政府軍総督府では、送られてきた人物が新選組の近藤勇であることは、ほぼ間違いないとみていたものの、確定的ではなかった。

そこで、幸いなことに陣中には、御陵衛士《ごりょうえじ》の残党だった加納鷲雄《かのうわしお》が加わっていたので、これに確認させることにした。

現場に呼ばれた加納が、障子《しょうじ》の穴から室内をのぞくと、そこにいるのはまぎれもなく近藤だった。

「大久保大和、改めて近藤勇と声かけますと、近藤は実にえらい人物でありましたが、そのときの顔色はいまに目につくようで、はなはだ恐怖の姿でありました」

加納は、こう語り残しているが、本当に近藤が顔色を変えるほどの動揺を見せたのかどうかはわからない。

ともあれ、加納の証言によって近藤の正体は露見《ろけん》した。京都で尊攘《そんじょう》派の志士を斬りまくった、憎き新選組の近藤勇であることがはっきりしたのである。

ここに近藤の天運は尽き果てた。死罪と決定したばかりか、武士として切腹することもゆるされない断首《だんしゅ》の刑に処せられることになった。

ただし近藤自身は、投降するとき、すでに覚悟を決めていた。捕縛《ほばく》された翌日の四月四日には辞世《じせい》の漢詩を詠《よ》み、付き添いの隊士野村利三郎に預けている。

孤軍援絶《こぐんえんた》えて俘囚《ふしゅう》となる
顧《かえりみ》て君恩《くんおん》を念《おも》えば涙更《さら》に流る

一片の丹衷《たんちゅう》能《よ》く節《せつ》に殉《じゅん》ず
睢陽千古《すいようせんこ》是《こ》れ我《わ》が儔《ともがら》
他に靡《なび》き今日復《また》何をか言わんや
義を取り生を捨つるは吾《わ》が尊《たっと》ぶ所
快《こころよ》く受けん電光《でんこう》三尺の剣
只《ただ》一死を将《もっ》て君恩に報《むく》いん

援軍がなく孤立して囚《とら》われの身となってしまった無念の思いと、自分の命をもって徳川の恩に報いようとする決意が、読む者の涙を誘わずにはいられない。

四月二十五日、板橋の刑場《けいじょう》で近藤の死刑は執行された。午前八時ごろ、駕籠に乗せられて現場に着いた近藤は、駕籠から降りると、しばらくの間、感慨《かんがい》深げに空を見上げていた。

やがて、係の役人をかえりみた近藤は、

「ながなが世話にあいなった段《だん》、厚く御礼申す。ときにいまわの願いでござるが、もよりにて床屋《とこや》を召し寄せられたい。死に首さわやかにいたしとうござる」

と願い出た。これが聞き届けられて床屋が呼ばれ、ひげをきれいに剃《そ》らせると、近藤は満足そうに末期《まつご》の水を飲みほした。そして、左右に軽く会釈《えしゃく》して座をただし、ゆっくりと首を前方に差し出した。

次の瞬間、太刀取《たちと》りの者の刀が一閃《いっせん》して、近藤の波瀾《はらん》に満ちた三十五年の生涯が終わった。

☗板橋にある近藤と土方の墓。

五一　土方歳三が会津で不機嫌だったのはなぜか

近藤勇を失った流山の新選組は、一夜明けた四月四日に会津へ向かって出発した。大将である近藤の犠牲によって、新選組そのものは一兵の損耗《そんもう》もなく存続されたのだった。同日、わずかの護衛とともに江戸に入った土方歳三は、近藤助命の嘆願書を相馬主計に持たせたあと、十一日になって市川鴻《いちかわこう》の台《だい》に向かった。江戸城が開城されたこの日、新政府軍に徹底抗戦を挑もうとする二千人余の旧幕臣たちが、続々と鴻の台に集結していたのだ。

翌十二日には、旧幕府歩兵奉行《ぶぎょう》の大鳥圭介《おおとりけいすけ》が、フランス式調練《ちょうれん》を受けた伝習《でんしゅう》歩兵一大隊を率いて到着する。一同のなかで最も大物であったこの大鳥が全軍の総督となったが、同時に土方が衆におされて参謀に選ばれた。

選出の理由を、桑名藩士中村武雄はこう語っている。

「土方歳三は従来、新選組の副長にて、機智勇略《きちゆうりゃく》かねそなわりたるゆえ参謀とさだめ――」

京都で尊攘派を震え上がらせた新選組の土方歳三の名は、さすがに広く知れわたっていた。低い身分の出身であることを知る者も多かっただろうが、それにもかかわらず、一同は土方を高く評価して参謀に選んだ。徳川幕府が崩壊したいま、門閥《もんばつ》主義が何の意味ももたないことを、みなわかっていたのである。

そして、土方の実力が発揮されるときはすぐにやってきた。

旧幕府脱走軍は、土方と会津藩士秋月登之助《あきづきのぼりのすけ》が率いる前軍と、大鳥が直接率いる中軍、後軍に分けられ、別々のルートで日光をめざして進軍したが、途中の宇都宮《うつのみや》城を前軍が単独で攻撃したのだ。

当時、城内には宇都宮藩兵のほかに、香川敬三《かがわけいぞう》以下の新政府軍救援隊が入っており、総勢五百人ほどの兵力となっていた。土方軍のほうは千人余で、兵力的には上まわっていたが、攻城戦にはふつう守備側の三倍の兵が必要というから、楽な戦いではなかった。

四月十九日午前十時ごろ、土方自身が率いた桑名《くわな》藩隊が城の東南から攻め込み、秋月の伝習第一大隊は搦手《からめて》の北方を突いた。両軍の大砲、小銃による激しい撃ち合いとなり、さらに白兵戦が展開された。

土方はみずから白刃《はくじん》をふるって指揮をとっていたが、戦闘中、自軍のある兵士が激戦に耐えきれず逃げようとしたのを見つけた。この怯懦《きょうだ》な行為をゆるせなかった土方は、

「退却する者は誰でもこうだ」

といって、一刀のもとに兵士を斬り捨ててしまった。

これで周囲の兵士たちは奮い立ち、勇敢に敵に向かって突撃していったという。それまで人を斬ったり斬られたりという場面を見慣れていなかった兵士たちにとっては、衝撃的な光景だったに違いない。

そんな荒療治の効き目もあり、午後四時ごろ、ついに土方軍は宇都宮城を陥落させた。この攻城戦の成功によって、旧幕府脱走軍における土方の声望《せいぼう》は一層高まったのである。しかし、せっかく手に入れた宇都宮城は、二十三日、兵力を増強した新政府軍の反撃を受け、あえなく奪還されてしまう。

土方は、城の北方に位置する明神山《みょうじんやま》で指揮をとっていたが、正午ごろ、飛来した銃弾のために足指に負傷してしまった。足指程度ならば軽傷だと思いがちだが、部位が部位だけに、歩行や立つことにも支障をきたす。

やむなく戦線を離脱することになり、宇都宮北西の今市《いまいち》まで後送されている。

この今市に隣接する日光《にっこう》には、徳川家康を祀《まつ》った東照宮《とうしょうぐう》が置かれており、霊廟《れいびょう》の警衛のために八王子千人同心《せんにんどうしん》が武州多摩から派遣されていた。土方の少年のころからの友人である土方勇太郎《ゆうたろう》も、そのころ当番で日光に詰めていた。

二十四日朝、勇太郎を今市に呼び寄せた土方は、旧交をあたためたあと、宇都宮での戦争についてこう語った。

「思い出しても*憫然《びんぜん》の至りだ。あの激戦になったとき、従兵の一人が、耐えきれなくな

*憫然＝哀れむべきさま。かわいそうなさま。

って、逃げ出そうとしたのを見つけたから、これを手討ちにした。退却する者は誰でもこうだ。進め進めと号令突貫《とっかん》、ついに城を落としたが、あの一兵卒は実に不憫《ふびん》である。どうか、これでこの日光へ墓石の一つも建ててくれ」

といい、金一包みを勇太郎に渡した。その目には涙が浮かんでいたという。

敵前で逃亡しようとしたことは許せなかったが、あの兵士もまた徳川家のために戦ってきた男だった。せめてもの手向《たむ》けとして、徳川家ゆかりの日光という土地に、土方は墓を建ててやろうとしたのだろう。

その日の正午に今市を出立《しゅったつ》した土方は、数人の隊士に護衛されながら会津に向かい、二十九日に会津城下に入った。宿所は七日町の清水屋《しみずや》という旅宿で、以後しばらくの間、ここに滞在して足指の負傷を癒すことになる。

このとき、やはり清水屋に泊まっていた幕臣に望月光蔵《もちづきこうぞう》という者があり、同宿の土方とのやりとりを手記に残している。

それによれば、土方に呼ばれた望月が部屋に行ってみると、土方は*褥《しとね》に寄りかかったままの姿で、

「汝《なんじ》ら、われにくみせよ」

といった。味方になって戦えというのだ。しかし、その傲慢《ごうまん》な態度に腹を立てた望月は、

＊褥＝寝たり座ったりするときの敷物。

「私たちはもともと文官であり、武事には慣れていない。主人の親兵《しんぺい》として従事し、身の回りの世話をするだけです」

といって、土方の申し出を断った。主人である徳川慶喜は、四月十一日に上野から水《み》戸《と》に移って謹慎の身となっていた。望月らはその道中警護の役目を終えたので、江戸に帰る予定になっていたのである。

すると土方は、その怯懦をあざ笑うようにいった。

「君たちは志を立てて遠くここまで来ている。命を捨てて、忠義を尽くさなくてはならないはずだ。それに、主人は謹慎中なのだから親兵を遣《つか》わす機会はない。私に従い、戦闘に参加せよ」

これに対して、望月はこうやりかえしたという。

「会津藩はすでに幕府の脱走兵を受け入れ、これを養い、越後《えちご》へ出兵させるという所業《しょぎょう》を行っているが、表面上はなお謹慎の意をあらわしている。その表裏転覆《ひょうりてんぷく》は、子供をあざむくよりはなはだしい」

会津藩は、この時期、新政府に対して恭順の態度をあらわしていたが、その一方で、ひそかに旧幕府の脱走軍を受け入れていた。望月の指摘するように、一種の両てんびん状態ということもできたのだ。

さらに、望月は追い打ちをかけるようにこう続けた。

「宇都宮城は最も希望を置く枢要《すうよう》の地である。幸いに、あなたがたは奮戦してこれを奪取した。ところが、楠木正成《くすのきまさしげ》の千早城《ちはや》のようにもちこたえることなく、すぐに敵に返上してしまった。ふたたび奪い返すことは容易ではなく、はなはだ惜しまれてならない。ならば、あなたがたもまた怯懦といわざるをえないのではないか」

ひとたび手に入れた宇都宮城を敵に奪われたのはだらしないと、望月は土方を責めたのだった。

痛いところを突かれた土方は、かっとなり、相手の言葉の終わらないうちに怒鳴っていった。

「多言、わが病床にさしさわる。もう聞く必要はない、去れ」

この失礼な態度に、望月はまた腹を立てたが、我慢してその場を退散した。確かに、なんとも高飛車な土方の態度だった。

おそらくは、戦線を離脱せざるをえなかったことに対する苛立《いらだ》ちが、そうさせたのだろう。戦況はかんばしくなく、自分の体は動かない。それで不機嫌になっていたところへ現れたのが、戦意のかけらもない幕臣だった。思わず声をあらげてしまったのも、やむをえないことだったかもしれない。

そして、この時期の土方が不機嫌だったのには、もう一つの理由があった。それは、正確にはいつのことかわからないが、すでに近藤勇が処刑されたという知らせが届いていたであろうことだ。

十代のころから、ともに剣術修行に励み、新選組を創り上げてきた盟友を失って、土方の胸中は張り裂けんばかりであっただろう。しかも、近藤が自刃するというのを押しとどめて、敵に出頭させたのは自分なのだ。どうせ助からないのなら、あのとき武士らしく切腹させてやればよかったと、土方は後悔の念にさいなまれていたに違いない。

五三　原田左之助と沖田総司はどこで死んだのか

流山で散り散りになった新選組は、このころ全員会津に集結していた。京都以来の隊士はすでに四十人ほどに減っていたが、新規募集の者も含めて総勢百三十人の隊となっていた。

この会津は、新選組にとってはもう一つの故郷ということができた。京都での五年間のうちの大半を、会津藩のお預かりとして過ごした経過があったからだ。

慶応四年（一八六八）閏《うるう》四月五日、新選組一同は松平容保《かたもり》に拝謁《はいえつ》し、金子《きんす》を与えられた。会津藩にとっても、新政府軍との戦争を間近に控えたいま、来援の新選組の存在は頼もしいものだったのだ。

このころ新選組をまとめていたのは、最後の大物となった斎藤一だった。土方歳三は負傷のために戦列を離れており、往年の副長助勤は、斎藤以外には一人も残っていなかった。もはや、斎藤のほかに頼れる者はいなかったのである。

江戸で新選組を脱隊した原田左之助は、その後、永倉新八とともに結成した靖共隊をも離脱して、単身江戸に引き返していた。

その理由ははっきりしていないが、盟友の永倉は、

「妻子の愛着にひかされ」

と推測している。

原田は、京都時代に町人の娘まさと結婚しており、茂《しげる》と名付けた息子ももうけていた。鳥羽伏見の戦いに臨むときに別れを告げ、そのまま京都に残してきたのだったが、いまさらに妻子が恋しくなったのかもしれなかった。

とはいえ、おたずね者ともいうべき原田が京都に戻ることは不可能に近く、江戸でさえ隠れる場所もない。

それで結局、上野の彰義《しょうぎ》隊に加わることになった。彰義隊は、新政府軍に抗戦を叫ぶ旧幕臣らによって組織された隊で、上野の山に屯集していた。

しかし五月十五日、大村益次郎《ますじろう》率いる新政府軍の総攻撃を受け、彰義隊はわずか一日で壊滅してしまう。この戦いに原田も奮戦したというが、最後は敵の銃弾に倒れた。瀕死の重傷を負った原田は、本所《ほんじょ》の神保山城守《じんぼやましろのかみ》の屋敷まで落ち延びたが、療養のかいなく二日後に絶命した。享年《きょうねん》二十九歳だった。

原田の最期については、やはり同時期に新選組を脱隊した岸島芳太郎《よしたろう》が詳しい事情を知っていたようで、維新後しばらくたってから、未亡人のまさのもとを訪れている。

「原田さんは辰《たつ》年五月の十七日に江戸の戦争で鉄砲傷で死にました。戒名《かいみょう》はこれです」

岸島はそういって、「正誉円入居士《しょうよえんにゅうこじ》」と書いた書き付けを、まさに手渡した。

「江戸の戦というのは何ですか」

とまさが尋ねると、

「彰義隊です」

というので、初めてまさは、夫が彰義隊の上野戦争で死んだことを知ったのだった。

その後のまさは、原田の忘れがたみの茂を育てることに尽くし、茂が明治三十七年に三十九歳で病死したあとは、孫たちにかこまれて余生を生きた。没したのは昭和五年、八十九歳の長寿だった。

そしてもう一人、沖田総司はどうなったか。

沖田は、この三月に甲陽鎮撫隊に同行したものの、肺結核《はいけっかく》の悪化のために途中から江戸へ引き返していた。

その後は浅草《あさくさ》の今戸《いまど》八幡境内にあった松本良順《りょうじゅん》の寓居《ぐうきょ》にかくまわれていたが、良順が会津に向かったことに伴い、千駄ヶ谷《せんだがや》池尻橋《いけじりばし》の植木屋平五郎《へいごろう》方に移って静養していた。

植木屋平五郎は、大名屋敷などにも出入りしていた腕利きの植木職人で、本名は柴田《しばた》平五良《へいごろう》といった。新選組との関係はわかっていないが、沖田の身柄を安心して託すことのできる、しっかりした人物であったのだろう。

すでに新選組の同志たちは会津に去り、姉のみつときんは、夫や子供とともに、それぞれの藩地である出羽庄内《でわしょうない》と越後三根山《みねやま》へ旅立っている。ただ一人江戸に残された沖田は、孤独の病身を平五郎宅の納屋に横たえていたが、ふたたび立ち上がることはできなかった。

二か月前に近藤勇が刑死したことは、沖田には知らされなかったので、

「先生はどうされたのだろう。おたよりは来ませんか」

といって、最後まで近藤の身の上を心配していたという。

五月三十日、沖田は二十七年の生涯《しょうがい》を閉じた。

新選組の天才剣士と呼ばれながら、戦いのなかではなく、畳の上で死ぬことになったのは不本意であったに違いない。しかし、剣一筋に生きた純粋な生涯は、幕末に吹いた一陣の颪のような清涼感をもって、後世に伝えられることになる。

五四　斎藤一はなぜただひとり会津に残ったのか

慶応四年（一八六八）八月、いよいよ会津戦争も大詰めとなり、新政府軍は会津若松《あいづわかまつ》への進攻を決定した。八月二十一日午前六時、薩摩藩の伊知地正治《いじちまさはる》と、土佐《とさ》藩の板垣退助に率いられた約三千人が、藩境の母成峠《ぼなりとうげ》を突破しようと進軍を開始する。

これを迎え撃つ会津藩では、敵が藩境のどの峠から攻め込んで来るかはわかっていなかったものの、御霊櫃峠《ごりょうびつとうげ》に次いで有力な母成峠には八百人の兵を配置しており、そのなかには大鳥圭介の伝習隊や、新選組の姿もあった。

会津側の布陣は、萩岡《はぎおか》に第一台場、中軍山《ちゅうぐんやま》に第二台場、峠の頂上に本陣の第三台場というように三段構えで置き、田中源之進《げんのしん》率いる会津藩兵が主力となって守備についた。そして、このほかに中軍山北側の備えとして、勝岩《かついわ》付近に伝習隊および新選組が配備されたのだった。

しかし、戦闘はあっけなく勝敗がついた。圧倒的な兵力を誇る新政府軍の前には、会津軍はなすすべもなく蹴散らされ、三段構えの台場は次々と破られていった。

勝岩の新選組も大敗を喫し、木下巌《いわお》、千田兵衛《せんだひょうえ》、鈴木練三郎《れんざぶろう》、小堀誠一郎《こぼりせいいちろう》、漢一郎《あやいちろう》、加藤定吉《さだきち》ら六人が戦死をとげた。結局、母成峠は一日ともたずに落ち、会津藩境の一角が突破されてしまったのだった。

敗走の新選組は猪苗代城《いなわしろ》までたどり着くと、そこで休陣し、土方歳三、斎藤一と会津の軍事方との間で軍議が行なわれた。その結果、土方は即日若松に向かい、斎藤以下の隊士たちは翌二十二日にあとを追った。

同日、斎藤らは東山《ひがしやま》の天寧寺《てんねいじ》に宿陣し、土方は単身、松平容保を護衛して滝沢《たきざわ》本陣におもむくことになるのだが、あるいはこれが土方と斎藤の永訣《えいけつ》であったかもしれない。翌二十三日、土方は同盟の庄内藩に援軍を依頼に行くため、会津を離れているからだ。

ただし、援軍の要請は成功せず、このあと土方が会津に戻って来ることはなかった。土方にしてみれば、会津の危機は救いたいが、もっと大事なのは新政府軍との戦争に勝利することだった。とすれば、奥州にはまだ仙台《せんだい》藩という最後の砦《とりで》が残っており、会津に固執《こしつ》することは得策ではなかったのだ。

しかし、斎藤の考えは違っていた。土方同様に仙台へ向かおうとしていた大鳥圭介に対し、こう語ったと伝えられる。

「一度《ひとたび》会津に来た以上、今、落城しようとしているのを見て志を捨て去るのは正義ではない。私は新選組の隊名とともに、ここで死ぬつもりだ」

そういって斎藤は、九月四日の如来堂《にょらいどう》の戦いで、わずか十二人の同志とともに敵中に

⬆旧会津藩領内に建つ土方の墓。最後まで抵抗を続けた土方の遺徳を偲び、その死後、建立されたものである。

突撃していったという。会津藩から与えられた恩義を、誰よりも重く感じていたのが斎藤だったのだ。

幸いに如来堂では九死に一生を得ることができ、そのまま斎藤は会津の終戦を迎えることになった。同志のうち、小幡《おばた》三郎、荒井破魔男《はまお》、高田文二郎《ぶんじろう》、清水卯吉《うきち》、高橋渡《わたる》らは戦死したと思われるが、久米部正親《くめべまさちか》、吉田俊太郎、池田七三郎、河合鉄五郎《てつごろう》、志村武《たけ》蔵《ぞう》らは、斎藤同様に生存が確認されている。

会津に残った斎藤は、維新後に藩が斗南《となみ》へ移封されると、それに従って厳寒の地へおもむいた。以後も会津人として生きた斎藤は、松平容保から藤田五郎という名を与えられ、藩士高木家の娘時尾《ときお》と結婚する。明治十年（一九七七）には新政府に出仕して、警視庁の警部をつとめ、大正四年（一九一五）九月二十八日、七十二歳で生涯を閉じた。

なお、先に新選組を離脱していた永倉新八は、その後、米沢《よねざわ》藩士雲井龍雄《くもいたつお》らと同盟し、会津を救援することを画策していた。

しかし、藩論をまとめることができないうちに米沢藩が降伏を決め、九月二十二日、若松城が落ちて会津も降伏してしまった。永倉の戦いは、ここに終わりを告げた。

江戸に帰った永倉は、松前《まつまえ》藩に復帰を許され、藩医杉村家の養子となって杉村義衛《よしえ》と改名した。維新後は、往年の腕を買われて北海道の樺戸集治監《かばとしゅうじかん》に剣術師範として招かれ、看守たちに剣を教えたりしたこともあった。

そして、新選組の数少ない生き残りとして同志たちの名誉の復権にも尽くした永倉は、大正四年一月五日、七十七歳の天寿をまっとうしたのだった。

五五　仙台で生まれ変わった新選組とはどのようなものか

慶応四年（一八六八）九月初旬、土方歳三の姿は奥州仙台にあった。庄内藩への援軍要請が不調に終わったため、奥羽越《おううえつ》列藩同盟の盟主である仙台藩を頼ってきていたのだ。

この仙台で、土方は、旧幕府海軍副総裁の榎本武揚《えのもとたけあき》に出会った。榎本は、旧幕府艦隊八隻を動かして、列藩同盟の応援のために仙台入りしていた。

二人は初対面であったようだが、すぐに意気投合し、ともに敵と戦うことを誓い合う。新政府軍に徹底抗戦を挑もうとする土方にとって、オランダ製の最新鋭艦である開陽《かいよう》を中心とする榎本艦隊は頼もしい戦力だった。

しかし、九月八日に元号《げんごう》が「明治」と改元されると、十二日にはついに仙台藩も降伏を決定した。

知らせを聞いた土方は、同日正午、榎本とともに仙台城におもむき、執政《しっせい》の大条孫三郎《おおえだまごさぶろう》と遠藤文七郎《ぶんしちろう》に面会して、降伏を思いとどまるように訴えた。

「弟をもって兄を討ち、臣をもって君を制す。彝倫《いりん》地《ち》に落ちて、綱常《こうじょう》はまったく廃《すた》れている。このようなことで、どうして国家の大政を執《と》ることができるだろうか。いやしくも武士の道を解し、聖人の教えを知る者は、かの薩長の徒《と》に味方すべきではないと信ずる。貴藩はどう思われるか」

彝倫とは、人として守るべき道のことで、綱常も同様の意味だ。また聖人とは、中国の思想家で儒教《じゅきょう》の開祖《かいそ》である孔子《こうし》のことをさす。土方は、これまで徳川家をささえてきた譜代《ふだい》、親藩《しんぱん》の大名たちが、状況が不利になったからといって、手のひらを返すように敵方についたことを批判したのだった。

しかし、仙台藩の抗戦派はすでに藩政から退けられており、新たに執政となった大条と遠藤は尊攘派であったから、土方らの声に耳を貸すはずもなかった。

それどころか、遠藤などは、

「榎本、胆気《たんき》愛すべし。しかれども順逆《じゅんぎゃく》を知らず、維新の皇業《こうぎょう》に大害を与えん。土方に至りては斗筲《とそう》の小人、論ずるにたらず。まず榎本を捕らえ、これを縛して西軍を迎える贄《にえ》となさばいかに」

といって、榎本の身柄を新政府軍への貢ぎ物にしようとした。これには同役の大条が反対したため、実行されることはなかったが、榎本も危ういところであった。

おもしろいのは、土方は「斗筲の小人」、つまり器量の小さい人物であるから、貢ぎ物にする価値もないと遠藤がいっていることだ。榎本にくらべ、かなり低い評価がなされているが、遠藤にしてみれば、人斬りの親玉に過ぎない土方などは、とるにたらない存在に思えたのだろう。

　こうして、仙台藩の説得に失敗した土方らは、本州での抗戦をあきらめ、ついに最果《さいは》ての地である蝦夷地《えぞち》（北海道）への渡航を決意する。

　一方、会津で土方歳三と別れていた新選組は、九月十五日ごろに仙台に到着した。このころ、仙台には新選組のほかにも、旧幕府脱走の諸隊が続々と集結していた。

　諸隊名をあげれば、伝習士官隊、伝習歩兵隊、衝鋒隊《しょうほうたい》、遊撃隊《ゆうげきたい》、彰義隊、陸軍隊、額兵隊《がくへいたい》、一連隊《いちれんたい》、神木隊《しんぼくたい》、杜陵隊《とりょうたい》、砲兵隊、工兵隊などといった顔ぶれだ。彼らはみな新政府に対する徹底抗戦を叫び、榎本艦隊に合流して蝦夷地に渡ることを希望した。ただし、なかには傷病者や戦意を失った者も当然あり、それらは降伏者として仙台藩に託し置くことになった。新選組からも近藤隼雄、村上三郎、大町通南太郎《おおまちつなたろう》ら二十三人が仙台に残留して降伏している。

　残った新選組隊士は、わずか二十五人。さすがに、全員が京都以来の隊士だった。

土方歳三　安富才介《やすとみさいすけ》　尾関泉《おぜきいずみ》　島田魁　相馬主計　野村利三郎　横倉甚五郎
中島登《のぼり》　蟻通勘吾《ありどおしかんご》　山野八十八《やそはち》　佐久間顕助《けんすけ》　中山重蔵《じゅうぞう》　松沢乙造《おとぞう》　阿部隼多《はやた》
佐々木一　白戸友衛《しらとともえ》　沢忠助　長島五郎作《ごろさく》　立川主税《ちから》　本多岩吉《いわきち》　上田馬之介《うまのすけ》
玉置良蔵《たまおきりょうぞう》　市村鉄之助《いちむらてつのすけ》　田村銀之助《ぎんのすけ》　吉田万吉《まんきち》

右のうち、相馬主計と野村利三郎は、下総流山で近藤勇が捕縛されたときに、一緒に捕虜となっていた者たちだ。それ以来、新選組本隊とは離れ離れになっていたのだが、釈放後、旧幕臣春日左衛門《かすがさえもん》率いる陸軍隊に加わって仙台までやってきたのだった。

二人が新選組に復帰したことで、隊士たちの気勢は上がっただろうが、それでも総勢は二十五人に過ぎない。しかも、すでに往年《おうねん》の副長助勤は一人もおらず、幹部級の隊士は元伍長の島田魁、監察の尾関泉（雅次郎《まさじろう》）、勘定方《かんじょう》の安富才介の三人だけだった。

極端に弱体化した新選組の姿を見て、土方は嘆息していたことだろう。しかし、十七日、そんな土方に、渡りに船ともいうべき話が舞い込んだ。

実は、ちょうどそのころ、桑名、唐津《からつ》、備中松山《びっちゅうまつやま》の三藩の藩士たちが、榎本軍に加わって蝦夷地渡航を希望するという問題が起こっていた。というのは、桑名藩主松平定敬《さだあき》、唐津藩世子《せいし》小笠原長行《おがさわらながみち》、松山藩主板倉勝静《かつきよ》の三人は、榎本軍に参加を認められていたが、付き添いの者は榎本の方針で各藩三人までと限定されていた。そのため、選にもれた藩士たちは殿様についていくことができず、騒ぎになっていたのだ。

そこで、桑名藩士十八人を代表して森弥一左衛門《もりやいちざえもん》（常吉《つねきち》）が土方に相談を持ちかけ、新選組への加盟を願い出た。新選組隊士という立場を得れば、蝦夷地渡航も可能となるからであった。

この申し出を土方は快諾した。

「心を安んぜよ、すみやかに我が隊に来れ」

そう森に告げて、十八人の桑名藩士を新選組に加入させたのである。

同じ境遇にあった唐津藩士二十四人、松山藩士八人も、相次いで土方の許可を得、新選組に入隊した。これによって、新選組の総勢は七十五人を数えることになった。三藩の士の実力は、決して期待できるものではなかったが、なんとか数のうえでは復活をとげることができた新選組だった。

そのころ仙台には、新選組とは旧幕時代から深い交流のあった医師松本良順もやってきていた。

この良順はまた、榎本武揚の妻たつの叔父にもあたり、親戚として榎本を支援する立場にあったのだが、今回の蝦夷地渡航には反対した。不毛《ふもう》の地である蝦夷地に渡って抵抗したところで、勝ち目はないと判断したのだろう。

そんな良順に対して、土方歳三はいった。

「君の所説は大いに私の意見と合っている。もしこれを公言すれば、脱走者はことごとく君の説に同意するだろう。しかし、それはいたずらに榎本の勢力をそこなうだけで、無意味なことだ」

勝ち目のないことは土方もわかっていた。ただ、そのことを声高にいえば、全軍の士気に影響する。それでも戦うことの意味を、土方はこう語るのだった。

「このたびの一挙は、三百年幕臣を養ってきた幕府が倒れるときに、命をかけて抵抗する者が一人もいなくては恥ずかしいという思いからなのだ。到底《とうてい》、勝算のあるものではない」

そして良順に向かって、

「君は前途有用《ゆうよう》の人である。ここを去って江戸に帰るべきだ。もし不幸にして捕縛されても、西軍の者はみな君を知っている。危害を加えることはないだろう」

と、江戸帰還をすすめ、最後にこうつけ加えた。

「われらのごとき無能者は快く戦い、国家に殉ずるだけだ」

自分のことを無能などと自嘲《じちょう》気味にいい、土方は戦い続ける覚悟を告げた。

確かに勝機はほとんどないかもしれなかったが、徳川に恩を受けた者として、戦いをやめることはできない。勝敗は度外視したうえで、土方は武士としてのけじめをつけようとしていたのだった。

五六　松前城攻略は土方歳三の作戦だったのか

明治元年（一八六八）十月十二日、旧幕府艦隊は仙台折浜《おりのはま》を出港し、蝦夷地へと向かった。艦隊は旗艦の開陽以下、回天《かいてん》、蟠龍《ばんりよう》、長鯨《ちようげい》、鳳凰《ほうおう》、神速《しんそく》、回春《かいしゅん》、大江《たいこう》の八隻で、海陸軍合わせて三千人の大集団だ。

彼らがめざした箱館《はこだて》（函館）には、五稜郭《ごりようかく》という西洋式の城があり、それを蝦夷地における本拠地とすることが予定された。

五稜郭は、徳川幕府が北方防備の拠点として元治《げんじ》元年（一八六四）に築いたもので、外周が千八百メートルもある巨大な星形の要塞だった。男たちが最後の夢を託そうとする城が、夜空にまたたく星の形をしているというのも、ロマンを感じさせてくれる話である。

敵の目をさけて箱館北方の鷲《わし》ノ木浜《きはま》に迂回《うかい》した旧幕府艦隊は、二十一日から八隻が順次到着し、積雪を踏み締めて兵士たちが上陸した。そして、この鷲ノ木から、全軍は二つのルートに分かれて進軍することになった。

七重村《ななえむら》から箱館へ抜ける本道は、大島圭介が伝習士官隊、伝習歩兵隊、遊撃隊、それに新選組など七百人の兵を率いて進み、一方の川汲峠《かっくみとうげ》を越える間道《かんどう》は、土方歳三が額兵隊、陸軍隊など五百人を率いて進軍した。

このとき土方は、島田魁ら数人の新選組隊士を護衛として従えていたが、新選組本隊とはあえて別行動をとっている。その代わりに指揮したのは、額兵隊以下の洋式調練を受けた精鋭部隊だった。

桑名、唐津、松山藩士の加入によって、旧式武備の混成集団となってしまった新選組よりも、即戦力の洋式部隊を土方は重用した。あるいは土方は、このときすでに、自分の育てた新選組に限界を感じていたのかもしれなかった。

本道を進んだ新選組本隊は、二十四日、七重で敵の松前藩兵と戦闘におよび、唐津出身の三好胖《みよしゆたか》と小久保清吉《せいきち》が戦死した。三好は唐津藩主の子で、まだ十七歳の若者だった。その若さゆえの気負いがあったのだろうか、初陣《ういじん》のこの日、敵陣深く斬り込んで、壮絶な最期をとげたという。

一方、間道の土方軍は、途中の川汲峠で小戦があっただけで進軍を続け、本道、間道の両軍とも二十六日に五稜郭に到着した。

五稜郭には、新政府の箱館府が置かれ、府知事の清水谷公考《しみずだにきんなる》以下の守兵が布陣しているはずだったが、すでに彼らは青森に逃亡しており、城内はもぬけのからであった。土方らは苦もなく五稜郭に入城し、以後、箱館戦争の終結まで、この要塞が旧幕府軍の本拠地となった。

彼らが次に取りかからなくてはならないことは、蝦夷地における唯一の新政府側の勢力である松前藩の討伐《とうばつ》だった。

休む間もなく、額兵隊、陸軍隊、彰義隊など七百の兵による討伐軍が編成され、その指揮官として選ばれたのは、やはり土方歳三だった。土方に対する榎本の信頼の厚さがうかがえる。

二十七日に五稜郭を出陣した土方軍は、途中の尻内、一《いち》ノ渡《わたり》、福島で小戦闘を繰り返し、十一月五日に松前に着いた。藩主松前徳広《のりひろ》はすでに松前城を脱出していたが、城内には二百人ほどの藩兵が立てこもって抵抗する。

土方軍は、大手門からは彰義隊、搦手門には額兵隊と陸軍隊がまわって攻撃するが、門は固く閉ざされて容易に侵入することはできなかった。

しかも、搦手門の内側には大砲が備えつけられていて、松前藩兵は門を開くと同時に撃ち放ち、すぐに閉門する。その間に次の弾を込め、また開門しては発砲するという頭脳的な作戦に出たのだった。

このため搦手門の攻略は困難をきわめたが、やがて土方軍も突破口を発見する。それは、門が閉まっている間に十余人の銃兵を門前まで進ませ、敵が大砲を撃とうと門を開いた瞬間、内部に一斉射撃を加えるという奇策だ。

これがみごとに成功した。敵の砲手はみな撃ち倒され、ほかの兵も狼狽して、門を閉じる余裕もなく逃げ出したのだった。こうして搦手門は破られ、城内に突入した土方軍は、間もなく松前城を占領したのである。

ただし、この搦手門攻略策が、土方の発案によるものであったかどうかはさだかでない。この日、土方に付き添っていた島田魁の日記に、それらしいことがまったく書かれていないからだ。その代わりとして、日記には次のような記載がある。

「総督、陸軍隊、守衛新選組を率いて城裏にまわり、梯子《はしご》をもって石垣を登り城中へ潜《ひそ》み入《い》る」

総督というのはもちろん土方のことだ。土方は、陸軍隊や島田らの護衛を率いて、城の後方から石垣を登って侵入したのだという。もし、搦手門攻略を指揮したのが土方であったのなら、その土方がわざわざ別の場所から石垣を乗り越える必要はない。

搦手門攻略策の発案者は、残念ながら土方ではなかったと考えざるをえないだろう。

松前を落とした土方軍は、敗走の松前藩兵を追って、十一月十一日に江差へ向けて出陣した。新たに到着した衝鋒隊と、額兵隊を先鋒とした土方軍は、十三日に大滝《おおたき》で敵を破り、十六日に江差に入る。

しかし、ここで土方の目に飛び込んできたのは驚くべき光景だった。陸軍を応援するために十五日に江差《えさし》沖にやってきた旗艦開陽が、同日夜、突然の暴風にあおられ、暗礁に乗り上げてしまったのだ。

開陽には榎本武揚がみずから乗り組んでいたが、昼のうちに陸地に上がっていて、遭難のさいにはどうすることもできなかった。船に残っていた乗組員が、大砲を撃った反動を利用して離礁《りしょう》させようとしたが、それでも船体は動かず、逆に甲板《かんぱん》の中央部を折れ曲がらせてしまった。

開陽の船体は、身動きできないまま徐々に沈んでいき、ついに二十六日、その姿は見えなくなった。旧幕府軍の最後の頼みの綱ともいうべき開陽は、こうして海の藻屑《もくず》と消えたのである。

沈みゆく開陽の姿を、土方歳三は江差の高台にある檜山《ひやま》奉行所前から見ていた。そして、かたわらにあった松の木の幹をこぶしで殴りつけ、涙ながらに、

「釜さん、くやしいのう」

と、釜次郎こと榎本武揚に向かってつぶやいたという。最新鋭艦の開陽の存在に、戦況を逆転するわずかな希望を抱いていた土方だったが、その思いもむなしくついえ去ったのだった。

五七 箱館で土方歳三が詠んだ最後の俳句とは

開陽を失うというアクシデントはあったものの、当初の目的であった松前、江差の制圧をなしとげ、土方歳三は十二月十五日に箱館へ凱旋《がいせん》した。

この土方の帰還を待つようにして、同日、箱館では蝦夷地平定を祝う祝賀会が盛大に催された。箱館港の砲台や軍艦から百一発もの祝砲が放たれる祝賀ムードのなか、榎本武揚は、諸外国の領事《りょうじ》や船将を招き、自分たちを独立した国家として承認させようとしたのだった。

次いで二十二日、箱館政権の総裁を決める選挙が、士官以上の投票によって行なわれた。これまでの経過から考えて、総裁となるのは榎本以外にはありえない状況だったが、榎本は、あえてアメリカの例にならって民主的な決定を選んだのだ。

選挙の得票数の上位六人は、次のとおりである。

榎本武揚　百五十六票
松平太郎　百二十票

永井玄蕃《げんば》　百十六票
大鳥圭介　八十六票
松岡四郎次郎《しろうじろう》　八十二票
土方歳三　七十三票

榎本が最高得票を得て、順当に選出されたわけだが、土方も健闘した。戊辰戦争を通じて、兵士たちの人望がいかに土方に集まっていたかがうかがえる。

はれて総裁となった榎本は、次に箱館政権の閣僚を決定した。総裁以下の顔ぶれは以下のようだ。

総裁　榎本武揚
副総裁　松平太郎
海軍奉行　荒井郁之助《いくのすけ》
陸軍奉行　大鳥圭介
陸軍奉行並　土方歳三
箱館奉行　永井玄蕃
箱館奉行並　中島三郎助《さぶろうすけ》

松前奉行　人見《ひとみ》勝太郎
江差奉行　松岡四郎次郎
江差奉行並　小杉雅之進《まさのしん》
会計奉行　榎本対馬《つしま》
同　川村録四郎《ろくしろう》
開拓奉行　沢太郎左衛門《たろうざえもん》

土方が就任したのは、陸軍奉行並というポストだった。「並」というのは次官を意味する言葉だが、事実上は奉行の大鳥と同格といってよかった。もともと、土方と大鳥のどちらが指揮官としてすぐれているのかは、兵士たちの間では周知の事実だったのだ。

陸軍奉行並となった土方には、陸軍奉行添役《そえやく》として数人の側近が付けられることになった。そこで、新選組から相馬主計、安富才介、大野右仲を添役として抜擢し、同じく野村利三郎を添役介《そえやくすけ》（添役の助役）とした。

なお、土方には同時に、「箱館市中取締裁判局頭取《とうどり》」という役職も与えられている。長い名称だが、これはつまり箱館市中を取り締まる役目と、海陸軍の兵士を裁《さば》く役目のことだ。

いずれも、土方が新選組でやってきたことそのものであり、まさに打ってつけの仕事といっていい。なかなか粋《いき》な裁量《さいりょう》をみせる総裁の榎本だった。

組織が整備され、一息つくことができた箱館政権では、ようやく兵士たちにも給料が支払われることになった。

その月額は、差図役《さしずやく》までの上等士官が二両、中等士官の差図役下役が一両三分《ぶ》、同じく嚮導《きょうどう》が一両二分、下等兵士が一両一分、歩兵が一両《りょう》だった。金額は決して多くなかったが、財政的に苦しい箱館政権には、これが限界であっただろう。

それでも、待望の給料を手にすると、兵士たちは歓喜して箱館市中の盛り場に繰り出していった。箱館には常盤町《ときわまち》と築島《つきしま》という二か所の遊郭《ゆうかく》があり、合わせて四十七軒の妓《ぎ》楼《ろう》が立ち並んでいた。これらの店で、兵士たちはまるで命の洗濯をするかのように遊んだのだった。

しかし、ただひとり土方歳三だけは違っていた。佐倉藩士依田学海は、こう書き残している。

「諸将士、みな歓呼《かんこ》酔飽《すいほう》、あるいは声色《せいしょく》に溺るる者あり。歳三、ひとり粗食にみずからあまんじ、婦人を近づけず」

兵士たちがつかの間の平穏に羽目をはずすのは仕方ないが、陸軍を統率する立場にある土方には、それはできなかった。冬の蝦夷地を攻略するのは困難であるから、新政府軍もしばらくは攻めてこないだろうが、春になれば大軍を編成してやってくるだろう。

そのことを考えると、とても酒色《しゅしょく》に溺れている気にはなれなかったに違いない。

この年の大みそか、孤山堂無外《こざんどうむがい》という箱館の俳人が句会を催した。谷地頭《やちがしら》にあった無外の家に招かれた十五人ほどの客のなかには、箱館政権閣僚の中島三郎助、川村録四郎、それに土方歳三の姿もあった。

席上、土方が詠んだ一句が伝わっている。

わが齢《よわい》　氷る辺土に年送る　　豊玉

前にも述べたように、数え年が使われていた当時では、年があらたまるごとに人々は年齢を重ねた。そのため、人々にとって一年が終わる感慨と、自分が一歳年をとる感慨は、重なり合うものだったのである。

思いがけず北の果ての蝦夷地で年を送ることになった土方の心境は、いかばかりであっただろうか。

五八　宮古湾海戦で戦死した新選組隊士は誰だったのか

明治二年（一八六九）の年が明けた。

三月、雪解けと同時に北上してくるであろう新政府軍に対し、旧幕府軍は、ある奇策を立てた。

発案者は回天艦長の甲賀源吾《こうがげんご》で、彼は海軍奉行荒井郁之助に向かってこういった。

「官軍が艦隊をもって兵士を運ぶには、船の速度も異なるため、品川から青森まで直行することはできない。必ず一、二の集合地を決めてやってくるはずだ。その艦隊のなかで最もおそるべきは甲鉄《こうてつ》である。よって、不意にその集合地に突入し、急速に襲撃して、甲鉄を捕獲することが上策である」

新政府軍の最新鋭艦の甲鉄は、原名をストーン・ウォールといい、その名のとおり、船体が鉄板でおおわれた装甲艦だった。それを奪い取って、自分たちのものにしようというのだ。

なんとも大胆な案だったが、確かにこれが成功すれば、開陽を失って戦力が激減した海軍も一気に劣勢を挽回《ばんかい》することができる。荒井から報告を受けた総裁榎本は、すぐに軍議を開き、この作戦を実行することを決めた。

密偵《みってい》からの情報によれば、新政府軍の停泊予定地は仙台の北の宮古湾《みやこわん》であるという。そこに、回天、蟠龍、および箱館で手に入れた高雄《たかお》の三艦で奇襲をかけて、旗艦回天が甲鉄に接舷《せつげん》して兵を乗り移らせ、そのまま乗っ取ってしまおうということになった。

この回天には、作戦の立案者でもある艦長甲賀源吾、海軍奉行の荒井郁之助、そして陸軍の責任者として土方歳三が乗り組んだ。旧幕府軍の命運をかけた一戦に、土方も闘志をたぎらせていたことだろう。

三月二十日深夜、三艦は箱館を出航した。ところが、二十二日になって天候が急変し、吹き荒れた暴風のために蟠龍が行方不明になってしまった。二十四日に途中の山田湾に入った回天と高雄は、姿の見えない蟠龍のことをあきらめ、二艦のみでの襲撃に作戦を変更せざるをえなかった。

同時にこのとき、甲鉄に接舷する役目が回天から高雄へと変更され、回天はほかの敵艦を攻撃して高雄を援護することになった。大砲の数が、回天の十一門に対して高雄は五門でしかない。戦闘力の大きい回天が援護役にまわったほうが得策と考えられたのだろう。

そして二十五日未明、山田湾を出航した二艦にさらに不運が続いた。今度は高雄の機関が故障してしまったのだ。

愕然《がくぜん》とする土方、荒井、甲賀であったが、めざす宮古湾は目前に迫っている。このチャンスを逃しては二度と勝機はない。ついに回天一艦で奇襲は決行されることになった。

午前四時過ぎ、宮古湾に到着した回天は、湾内に敵艦八隻が停泊しているのを確認すると、目標の甲鉄に向かって突撃した。突然の襲撃に甲鉄の乗組員たちは狼狽《ろうばい》するが、機関の火は落としてあり、すぐには艦を動かすことができない。奇襲は成功したかに思えた。

しかし、肝心の接舷がうまくなかった。回天の舵には、左に甘く右に渋いという癖があり、そのため、本来は舷と舷を横づけするはずのところを、誤って相手の側面に船首部分から突っ込むかたちになってしまったのだ。

これでは兵士たちがうまく乗り移ることができない。しかも、回天の船べりは甲鉄より三メートルも高い位置にあったので、飛び降りるのも躊躇《ちゅうちょ》された。そうこうしているうちに、不意をつかれた敵兵たちも反撃の態勢を整える。奇襲は失敗したのだった。

それでも、回天には勇敢な兵士たちが多かった。まず、海軍士官の大塚波次郎《なみじろう》が「一番」と叫んで飛び込むと、新選組出身で陸軍奉行添役介の野村利三郎が続いて甲板を蹴った。

記録によっては、野村が「一番」といったことになっているものもあり、要するに二人はほぼ同時に突入したのだろう。続いて、彰義隊の笹間《ささま》金八郎と加藤作太郎《さくたろう》が、敵艦めがけて身を躍らせた。

しかし、四人が突入したとき、すでに甲鉄は態勢を立て直しており、兵士たちが小銃で応戦した。そのため、四人は次々と撃ち倒され、無念の最期をとげている。

新選組の野村は、板橋で近藤勇の最期に接したことで、新政府軍に対する憎悪を誰よりも強く抱いていたであろう人物だった。それが先頭を争っての突入につながったのかもしれないが、まだ二十六歳、惜しまれる戦死だった。

なお、一説にこのとき土方が、ある新選組隊士の背をたたいて、

「死ぬのはここだ、飛び込め」

と命令したという。隊士は、「おうっ」と応えて飛び込み、はなばなしく戦死したと伝えられる。

この隊士は、かつて京都にいたころ、女色におぼれ、訓戒《くんかい》を受け、みずから恥じて自刃しようとしたことがあった。土方がそれを制して、

「男子は死すべきときがある。それまで拙者が命を預かる」

といい、ここまで連れてきたものだという。

なかなかの美談だが、肝心の海戦における戦死者のなかに、新選組の者は野村利三郎一人しかいない。とすれば、エピソードの主に該当するのは野村ということになる。

この話は、土方の小姓をつとめていた隊士市村鉄之助が、箱館戦争後に日野の佐藤家

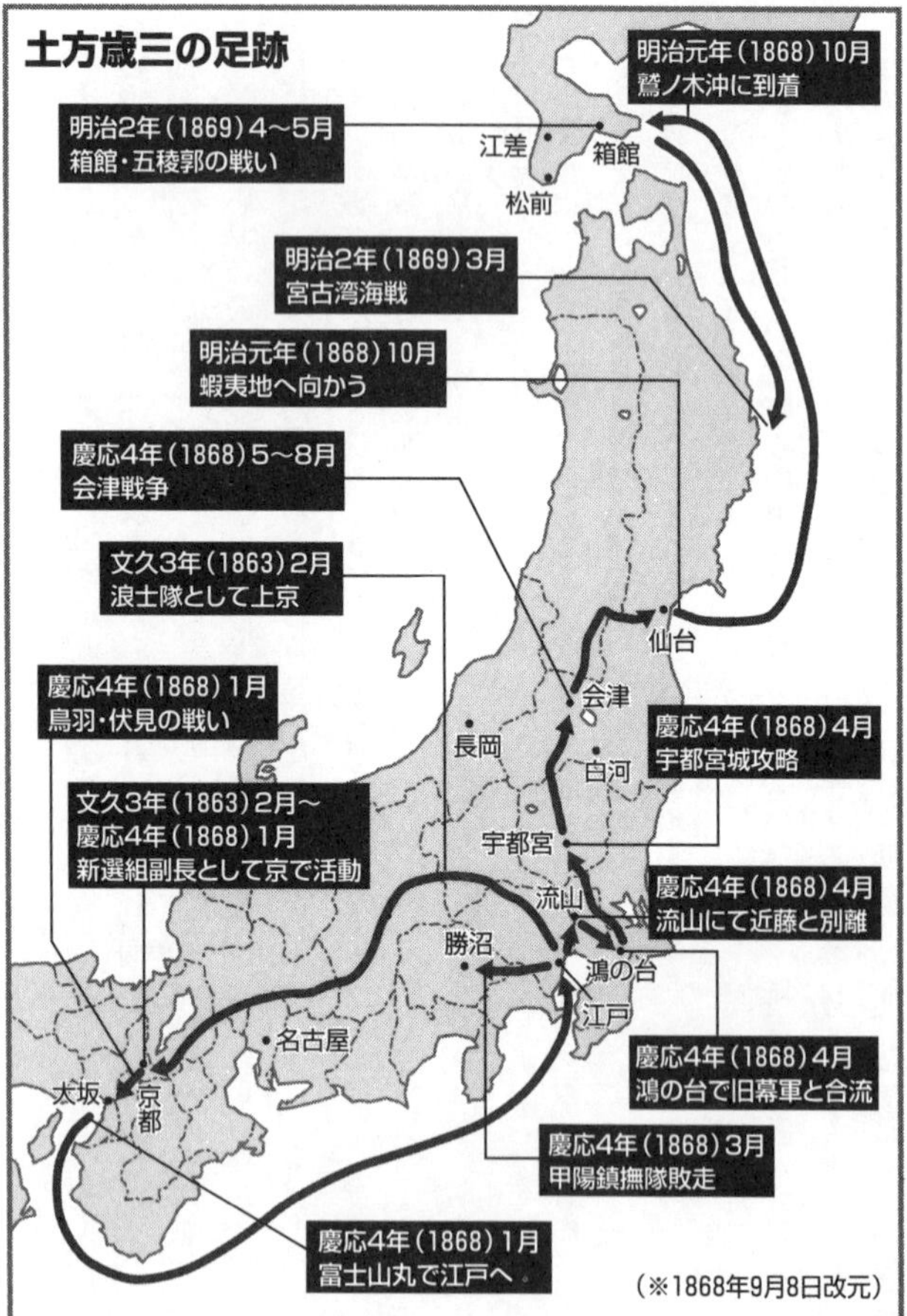
土方歳三の足跡
明治元年（1868）10月
鷲ノ木沖に到着
明治2年（1869）4～5月
箱館・五稜郭の戦い
江差
箱館
松前
明治2年（1869）3月
宮古湾海戦
明治元年（1868）10月
蝦夷地へ向かう
慶応4年（1868）5～8月
会津戦争
文久3年（1863）2月
浪士隊として上京
仙台
慶応4年（1868）1月
鳥羽・伏見の戦い
会津
長岡
白河
慶応4年（1868）4月
宇都宮城攻略
文久3年（1863）2月～
慶応4年（1868）1月
新選組副長として京で活動
宇都宮
流山
慶応4年（1868）4月
流山にて近藤と別離
勝沼
鴻の台
江戸
名古屋
慶応4年（1868）4月
鴻の台で旧幕軍と合流
大坂
京都
慶応4年（1868）3月
甲陽鎮撫隊敗走
慶応4年（1868）1月
富士山丸で江戸へ
（※1868年9月8日改元）

を訪れて語ったものとされている。事実なのかどうかは、いま一つ確定的でないが、もし事実であるとすれば、ただでさえ劇的な野村の最期をさらに彩《いろど》るエピソードということになるだろう。

やがて、甲鉄に備えつけられていた最新兵器のガトリング砲が火を吹き、回天の甲板上の兵士たちが次々と撃ち倒された。艦橋では、土方、荒井、甲賀の三将が兵を叱咤《しった》していたが、ついに艦長甲賀の頭部を銃弾が貫いた。

奇襲の立案者である甲賀を失い、これ以上の戦闘続行は無理と判断した荒井は、総員に退却命令を下した。さすがの土方にも、この敗勢はどうすることもできなかった。

旧幕府軍の戦死者は十七人。負傷者は三十数人で、そのうち三人が退却後に死亡している。わずか三十分で決着がついた完敗だった。

五九　二股口の戦いにのぞんだ土方歳三の覚悟とは

明治二年（一八六九）四月九日、新政府軍が蝦夷地に上陸し、箱館戦争最後の激戦がはじまった。

新政府軍の上陸地点は、旧幕府軍の裏をかいた江差の北の乙部《おとべ》で、そこから松前口、木古内《きこない》口、二股《ふたまた》口の三道に分かれて箱館に進軍を開始した。このうち最も重要なのは、箱館まで最短距離で進攻できる二股口であったので、旧幕府軍では頼みの土方歳三を派遣して敵を迎え撃つことにした。

十一日、土方は衝鋒隊二小隊、伝習歩兵隊二小隊の計百三十人を率いて二股口に到着した。翌十二日、天狗岳《てんぐだけ》に前進陣地を置き、台場山の本陣地には十六か所の胸壁《きょうへき》を築いて敵の来襲に備える。

十三日午後三時ごろ、新政府軍の攻撃が開始された。天狗岳の前進陣地はすぐに突破されたものの、台場山の本陣地のほうは頑強だった。両軍の激しい銃撃戦が展開され、日没となっても互いに相手の銃口の火を目印にしての撃ち合いが続けられた。

新政府軍は六百人もの兵力を擁し、それが交替で攻撃してくるのに対して、土方軍は百三十人の兵を半分ずつ交替で休ませながら防戦する。戦闘は翌十四日の朝七時ごろまで十六時間も続行され、台場山の攻略が容易でないことをさとった新政府軍は、ひとまず稲倉石《いなくらいし》まで撤退を決めた。

土方軍は胸壁に守られていたため、戦死者はわずか一人、負傷者は七人にとどまったが、新政府軍は戦死者九人、負傷者二十一人を数えたという。

両軍は、その後しばらくの間、山中で対峙していたが、二十三日午後四時ごろ、兵力を八百人に増強した新政府軍が台場山をふたたび攻撃する。土方軍には伝習士官隊二小隊が応援にやってきたものの、それでも総勢二百人に過ぎなかった。

数にまさる新政府軍は、土方軍を陽動《ようどう》しようと、火を炊《た》いて煙を上げ、ラッパを吹き、ときの声をあげた。そのうえ、側面の山からしきりに銃撃を繰り返す。

このため、背後にまわられて挟み撃ちにされるのではないかと、土方軍の兵士たちは動揺したが、それを戒めるように土方がいった。

「敵がわが軍の背後を絶とうとしているのなら、必ず隠れて動くはずだ。いま、煙を上げ、ラッパを吹くのは、わが軍をおそれさせて退却させようとしているからで、驚くことはない」

さすがに土方の洞察《どうさつ》はするどかった。新政府軍の動きが陽動に過ぎないことを即座に見抜いていたのだ。ただし、最後にこうつけ加えることも忘れなかった。

「もし退《しりぞ》く者があれば、これを斬る」

宇都宮城攻略のときと同じ言葉だ。これが単なる脅《おど》しでないことは、兵士たちの間に知れ渡っていただろう。兵士たちは気を引き締めて戦闘に集中するのだった。

この再度の二股口の戦いは、両軍ともに譲らない銃撃戦となった。土方軍の鉄砲は過熱して使い物にならなくなったので、桶《おけ》に川の水をくんでおき、それで銃身を冷やしながら撃ち続けたという。

しかし、新政府軍はどうしても台場山を攻略することができず、結局、戦死者八人、負傷者四十九人を出して、丸一日後の二十四日夕刻には前線から撤退したのだった。

勝利を確信した土方は、その晩、みずから酒樽《さかだる》を抱え、自軍兵士たちの健闘をたたえながら、酒をふるまって歩いた。

そして、

「ただし、酔っぱらって軍律を乱してはいかんから、みな一杯だけだ」

と冗談めかしていうと、兵士たちはどっと笑った。部下を規律で縛ることだけで動かしていた以前の土方とは違う、指揮官として成長した姿がここにあった。

新政府軍は二十五日朝に最後の攻撃をしかけてくるが、あえなく撃退され、午前八時、ついに完全に二股口から退却した。なんと今度は二昼夜、四十時間にわたる長い戦闘だった。

こうして、土方がいるかぎり二股口の守りは鉄壁を誇ったが、ほかの方面はそうはいかなかった。遊撃隊の伊庭《いば》八郎らが守っていた木古内口が突破されたことで、五稜郭の本営は危機におちいったのだ。

二股口に陣取る土方軍も、このままでは退路を絶たれるおそれがある。二十九日に知らせを受けた土方は、やむなく撤退を開始した。勝っていながらの退却は、無念であったに違いない。

ただし、土方は二股口戦の前に、こんなことを語っていた。

「わが兵は限りがあるが、敵には限りがない。いったんは勝ったとしても、最後には必ず敗れることは誰でも知っている。しかし、私がまかされた戦いで、もし敗れるようなことがあれば、それは武士としての恥である。だから、身をもってこれに殉ずるだけだ」

すでに勝利に対するこだわりはなかった。ただ、武士として、自分がまかされた戦いで負けるわけにはいかない。その思いだけが土方を動かしていたのだった。

六〇　土方歳三の最期はどのようなものだったか

箱館で土方歳三の身の回りの世話をしていた市村鉄之助という隊士がいた。京都のころ、新選組最後の募集に応じた者で、まだ十六歳の少年だった。

明治二年（一八六九）五月五日の夕刻、土方は五稜郭内の自室にこの市村を呼び、こう告げた。

「今日は、そのほうに大切なる用事を命ずる。それは、これから江戸の少し西にあたる日野宿佐藤彦五郎という家へ落ちて行き、これまでの戦況をくわしく申し伝える役目である」

突然、日野へ行けといわれて市村は驚いたが、土方はかまわず話を続けた。

「今日、箱館港に入ったかの外国船が、二、三日中に横浜へ出帆《しゅっぱん》すると聞いたので、船長に依頼しておいた。この写真と書き付けを肌身につけ、乗船して佐藤へ持って行け。なお金子を二分金五十両渡す。日暮れも近い、時刻もよいからすぐに出立して、船に乗り込み、その出帆を待っていろ」

これを聞いた市村は、猛然と反対した。

「それはいやです。ここで討死の覚悟を決めておりますから、だれかほかの者にそのことをお命じください」

少年とはいえ、ここまで戦ってきた市村にしてみれば、いまさら自分だけ逃げるわけにはいかないという気持ちだっただろう。

しかし、土方は認めず、おそろしい顔つきで、

「わが命令に従わざれば、いま討ち果たすぞ」

といいはなった。その見幕《けんまく》には、市村もいい返す言葉を失った。

新選組という組織は、命令には絶対に服従しなければならなかった。とくに京都時代の鉄の規律をかろうじて知っている市村には、そのことはよくわかっていたから、涙をのんで命令に従うしかなかった。

「では、日野へまいります」

市村が観念してそういうと、土方も安心して笑みを浮かべ、

「日野の佐藤は、かならずそのほうの身の上を面倒みてくれる。途中、気をつけて行けよ」

と、いたわりの言葉をかけるのだった。

箱館戦争の戦況は悪化し、新政府軍はすぐそこまで迫っている。もはや旧幕府軍の勝ち目はないにひとしかった。そんな戦争で、これ以上若い命を無駄に散らせるのは、土

方には耐えられなかったのに違いない。

このとき市村が持ち帰った土方の形見《かたみ》の品は、佐藤家の伝承では、洋装断髪の写真一枚と、

「使いの者の身の上頼上候《たのみあげそうろう》　義豊《よしとよ》」

と書いた小切紙だけであったという。

ところが、小野路《おのじ》の小島家の記録では、写真のほかに遺髪《いはつ》一束と、辞世の和歌一首が添えられていたことになっている。

どちらが正しいのかはわからないが、市村が身を寄せたのは佐藤家であったのだから、佐藤家の伝承のほうをひとまず信じておくべきだろう。

気がかりだった市村の件をすませ、土方は最後の戦いに出る決意をかためた。

敗色濃厚のこのころになると、旧幕府軍総裁の榎本武揚は、ひそかに降伏を考えはじめていた。

もともと榎本は、新政府軍に対して徹底的に抗戦するという意志はなく、あくまでも旧幕臣たちの生活のために蝦夷地に独立国をつくることを考えていた。だから、戦争が負けと決まったのなら、これ以上、犠牲者を出すことは避けたいとの思いがあったのだ。

しかし、土方にとっては、降伏などは絶対にありえなかった。自軍に降伏の気配が見えはじめたのを知って、土方はこう嘆いていた。

「俺が近藤勇とともに死ななかったのは、どうしても徳川家の無実をはらしたかったからだ。もし、降伏をして許されでもしたら、地下の近藤に合わせる顔がない」

先に逝《い》った盟友近藤勇のためにも、命の尽きるまで戦い続けるしかないと、土方は決意を固めていたのだった。

五月十一日、新政府軍の箱館総攻撃がついに開始された。

またも新政府軍は旧幕府軍の裏をかき、夜明け前に箱館山の裏側の寒川《さむかわ》から大軍を上陸させた。ちょうどそこには新選組の者が十数人、番兵《ばんぺい》として配備されていたが、圧倒的な数の敵兵に蹴散らされ、蟻通勘吾と粕屋《かすや》十郎が戦死をとげた。

残りの者は敗走し、弁天《べんてん》台場の守備についていた新選組本隊に合流した。しかし、箱館山を占領した新政府軍は、この弁天台場にも激しい攻撃を加え、長島五郎作、津田丑《うし》五郎《ごろう》、栗原仙之介《せんのすけ》、乙部剛之進《ごうのしん》らの新選組隊士が戦死してしまう。

この知らせを土方は五稜郭で聞いた。そして、孤立した弁天台場を救うため、馬にまたがり出陣した。従う者は、安富才介、立川主税、沢忠助らわずかの側近と、額兵隊二小隊八十人だけだった。

立川主税は、その手記にこう書き残している。

「土方氏は、常に万民をあわれみ、軍に出るときは先頭に立って進んだので、士卒《しそつ》ともに勇気をふるって進んだ。ゆえに負けることはなかった」

いつも、こうして衆の先頭に立って戦ってきた土方だった。その頼もしい姿が兵士たちを勇気づけていたから、土方軍は無類の強さを誇ることができたのだった。

午前十時ごろ、土方は箱館市街の入り口に設置された一本木《いっぽんぎ》関門《かんもん》のあたりに着いた。すると、そこで自軍の伝習士官隊が敗れて退却してくるのに出くわす。土方はこれを押しとどめ、側近の大野右仲《うちゅう》に、この伝習士官隊と額兵隊を指揮して進軍するように命じた。

そして、馬上からこう檄《げき》を飛ばした。

「われ、この柵にありて、退く者は斬る」

宇都宮でも、二股でも口にした常套句《じょうとうく》だった。これに奮い立った兵士たちは、敵に向かって突進していった。敵を前にして逃げることが、何よりも嫌いな土方だった。

しかし、やがて一発の銃弾が飛来し、土方の腹部に命中した。

馬上で指揮刀を振りかざしていた土方は、たまらず馬の鞍《くら》からすべり落ちた。かたわらに付き添っていた沢忠助が駆け寄って抱き起こしたが、すでに一言も発することはなかった。闘将土方の壮烈な最期だった。

武士としての節義を貫き、それに殉じた土方歳三。盟友近藤勇と誓った誠の精神を、たった一人になっても追い続けた。三十五年という生涯は短かったが、男として、やるだけやったという満足感はあったのではないだろうか。

⬆土方の戦死地、一本木に建つ墓。

土方が戦死した七日後、五稜郭は落城した。弁天台場に籠城していた新選組も降伏し、その歴史に終わりを告げた。

幕末という動乱の時代を、流星のように駆け抜けた男たちの物語は、こうして終幕を迎えたのである。

主要参考文献

『新選組始末記』子母沢寛　中公文庫
『新選組遺聞』子母沢寛　中公文庫
『新選組物語』子母沢寛　中公文庫
『新撰組顚末記』永倉新八　新人物往来社
『壬生浪士始末記』西村兼文
『近藤勇』松村巌　内外出版協会
『近藤勇』鹿島淑男　東京国民書院
『新選組日誌（上・下）』菊地明・伊東成郎・山村竜也　新人物往来社
『新選組の舞台裏』菊地明　新人物往来社
『土方歳三の日記』伊東成郎　新人物往来社
『新選組史料集』新人物往来社編　新人物往来社
『聞きがき新選組』佐藤昱　新人物往来社
『新選組余話』小島政孝　小島資料館
『武術天然理心流（上）』小島政孝　小島資料館

『幕末・維新こぼれ話』万代修
『新選組追究録』万代修　新人物往来社
『新選組・斎藤一の謎』赤間倭子　新人物往来社
『定本沖田総司おもかげ抄』森満喜子　新人物往来社
『新選組隊士遺聞』谷春雄・林栄太郎　新人物往来社
『高台寺党の人びと』市居浩一　人びと文庫
『土方歳三の世界』新人物往来社編　新人物往来社
『史談会速記録』原書房
『新選組戦場日記』木村幸比古編著　ＰＨＰ研究所
『新選組誠史』釣洋一　新人物往来社

真説《しんせつ》 新選組《しんせんぐみ》

山村《やまむら》 竜也《たつや》

学研M文庫

平成13年　2001年8月13日　初版発行

●

編集人――忍足恵一

発行人――太田雅男

発行所――株式会社学習研究社

東京都大田区上池台4-40-5 〒145-8502

印刷・製本―中央精版印刷株式会社

★ご購入・ご注文は、お近くの書店へお願いいたします。

★この本に関するお問い合わせは次のところへ。

• 編集内容に関することは――
編集部直通 03-5434-1456

• 在庫・不良品（乱丁・落丁等）に関することは――
出版営業部 03-3726-8188

• それ以外のこの本に関することは――
学研お客様相談センター 学研M文庫係へ
文書は、〒146-8502 東京都大田区仲池上1-17-15
電話は、03-3726-8124

落丁・乱丁本はお取り替えいたします。

定価はカバーに明記してあります。

R-や-4-1　ISBN4-05-901069-3